海南大学学术著作出版基金资助出版

数字化进程中的图书馆

李哲汇　著

北京图书馆出版社

图书在版编目(CIP)数据

数字化进程中的图书馆/李哲汇著. —北京: 北京图书馆出版社,2007.5

ISBN 978 -7 -5013 -3437 -7

Ⅰ.数… Ⅱ.李… Ⅲ.数字图书馆—研究 Ⅳ.G250.76

中国版本图书馆 CIP 数据核字(2007)第 036457 号

书名 数字化进程中的图书馆

著者 李哲汇 著

出版 北京图书馆出版社 (100034 北京西城区文津街 7 号)

发行 010 -66139745 66151313 66175620 66126153

66174391(传真) 66126156(门市部)

E-mail cbs@ nlc. gov. cn(投稿) btsfxb@ nlc. gov. cn(邮购)

Website www. nlcpress. com

经销 新华书店

印刷 北京四季青印刷厂

开本 880 × 1230 毫米 1/32

印张 7.5

版次 2007 年 5 月第 1 版 2007 年 5 月第 1 次印刷

字数 200(千字)

书号 ISBN 978 -7 -5013 -3437 -7/G · 696

定价 20.00 元

目　录

序　言

20 世纪 90 年代以来，高速发展的计算机网络、通信技术、多媒体技术将人们带入了数字时代，亦将图书馆建设和发展导入了数字化进程。这一进程使国内图书馆运行模式沿着信息资源数字化、信息服务人性化、信息利用共享化的方向发生了深刻变化，不仅使信息的采集与组织更加人性化，信息服务更加个性化与知识化，而且使文献信息以各种媒体形式进入每一个需要提供各类服务的终端。数字时代图书馆所倡导的“以用户需求为中心”的理念从文献资源体系建设、技术与服务体系、管理理念多个层面上推动着传统图书馆向现代图书馆转型。总体上讲，图书馆数字化建设的发展正如其他信息产业部门的发展一样，不仅由信息技术推动，而且由用户需求推动。在工业化社会，人文思想传统与技术理性的分野是一种历史发展阶段的产物；在知识经济时代，亦即信息或数字时代，两者之间的关系正在发生深刻变化。今天，人们倡导数字图书馆建设以人为中心即“以用户需求为导向”，实质上是一种在新的历史条件下的图书馆理念的重构，其思想真髓就是弘扬一种科学精神观照下的人文关怀，即在人文传统与技术理性这两条看似平行发展甚至相互拒斥轨迹之间发现两者走向融合的历史趋向。由此，可以将数字图书馆建设宗旨解读为：在现代信息技术与人文思想相互融合的技术与服务平台上实现带有高度人文关怀的科学精神与带有现代科学意识的人文精神的趋同与融合。

本书就是从这一视角切入有关问题展开讨论的。

随着 21 世纪的到来，科学的发展在分析方法取得了重大突破性进展之后，将依循着整体思维的方向来整合现有的各学科领域，人文学科与现代科学技术领域里有关学科的趋同和渗透已成为一种越来越明显的趋向。本书所讨论的问题实质上是对在人本主义的文化哲学思想观照下高技术社会中的信息组织机构——现代图书馆运行的几个基本要素的探讨,故相关讨论将涉及若干不同的理论视域,不仅包括图书馆学、信息工程、现代管理理论、信息管理学,还应包括哲学、心理学、行为科学理论等。因此,就方法论而言,它应是符合前述的多学科领域交叉与融合趋势的跨学科研究的产物。与其他学科的发展轨迹一样,这样一种跨学科研究将是本世纪图书馆学及信息管理学研究的一个重要走向。相关讨论内容提要如下:

图书馆精神的再阐释、数字时代资源建设理念的碰撞、大学图书馆联盟的构想与实现、多层级文献信息保障公共服务平台建设模式、数字时代知识产权保护的适度性探讨、数字图书馆的管理平台、复合图书馆管理思想构架、图书馆数字化进程与文化管理理念、从文献检索与利用到信息素质教育。

第一章　数字时代图书馆精神的再阐释

第一节　图书馆精神:从公共图书馆到大学图书馆

一、导言

2004年11月,中山大学图书馆馆长程焕文教授在全国科学技术协会年会图书馆学会分会场发表了题为“公共图书馆的道德与权利”的演讲,让与会者耳目一新。所谓耳目一新,并非程焕文教授提出了什么新的理论界说,而是他所关注问题的理论层面与切入问题的角度让人感到欣慰。在报告中,程教授重申和阐释了有关图书馆宗旨的几个基本观念。《公共图书馆宣言》(1994年)规定:社会和个人自由、繁荣和发展是人的基本价值;公共图书馆是人们寻求知识的渠道,为个人和社会群体的终身教育、自由决策和文化发展提供了基本条件;基于上述宗旨,公共图书馆应该不分年龄、民族、性别、宗教、国籍、语言和社会地位,向所有的人提供平等的服务。该宣言基本要旨无非是重申真正推动图书馆建设的原动力是图书馆的人文精神,然而,这些原本应该植根于图书馆人灵魂的理念,今天似乎离我们越来越远了,人们对于与此相悖的行为和观念都已视之漠然,以至于成为程焕文教授不得不呼吁同仁们认真关注的一个问题。当然,类似程焕文教授这样的呼吁在学界也绝非一家之言。2004年底,在湖南图书馆百年庆典期间举行的图书馆馆长论坛上,来自全国各地的图书馆界精英们围绕着“21世纪新图书馆运动”诠释了一种现代图书馆精神:协调图书馆与社会的关系,以人为本,走近平民,关心弱者,平等服务,逐步消除数字鸿沟,建立一种信息公平和保障的制度。我们相信,在这样一种精神的观照之下,我国公共图书馆建设可望在新的历史层面上获得发展机遇。与此同时,又有一个问题值得学界同仁们认真思考:如果说公共图书馆理念的精髓就是对平等、权利、义务不断进行新的阐释,那么处在"21世纪新图书馆运动"浪潮中的大学图书馆理念应该如何界定呢?笔者认为:这一理念应该源于公共图书馆精神,但其中的内涵又远不止于这些。

二、大学与大学图书馆精神

众所周知,国内图书馆界当下的主流理念是技术理性主导下的网络化、数字化潮流,加上市场经济环境的影响和冲击,人们关注的热点一直都在技术层面,公共图书馆精神及其服务理念所蕴涵的人文精神处于一种准边缘化状态。与公共图书馆突出问题——资源奇缺相比,高校图书馆所面临的问题虽有所不同,但人文精神的缺失却是相同的。因此,上述问题的提出对于高校图书馆界发展也是一种警示。

近10年来,由于高校办学条件得到很大的改善,各校图书馆的网络化、数字化建设取得了长足的发展,各种资源配置与服务功能有了很大的提升,但是,与国外或港台高校图书馆相比,高校图书馆的综合服务效益还存在十分明显的差距。其原因在于我们的管理理念和水准与上述同行差距很大。当你走进任何一个高校图书馆,其管理和服务体系中有悖图书馆基本理念的现象几乎随处可见,在新的技术平台上的增值服务也因此缺乏相应的发展空间,显然,其间的差距是全面的,但笔者认为,其主要根源在于文化思想层面的巨大差异。首先,国内高校图书馆的办馆宗旨同样缺乏图书馆精神,缺乏对图书馆宗旨——平等、权利、义务这几个基本原则的正确理解与阐释。除此之外,笔者认为:与公共图书馆相比,大学图书馆的宗旨和服务对象有所不同。因此,大学图书馆理念与公共图书馆精神尚不完全雷同,它还应该蕴含另外一层重要含义:即大学图书馆应该是"跋涉者和拓荒者的精神家园"。大凡到过国外大学图书馆的人都会很清晰和强烈地感觉到这样一种丰富的精神内涵,但在国内大学图书馆就很难有此感觉。其原因在于当今中外高等教育的办学理念的差距。应该说,大学图书馆所处的人文环境对它的变革和走向有着深刻的影响。

三、何为大学理念

所谓大学理念,一般意义上讲,就是人们对大学内涵、宗旨、精神、使命以及变革与走向等观念的把握与阐释。大学理念作为大学的精神和灵魂总是伴随着时代的发展而不断演化。纵观中外高等教育史,有关大学理念的讨论一直延绵不绝。从经典的大学理念来看,获得广泛认同的是:大学的宗旨在于强调、发展及保护人类的理性力量。以此为基点,作为学子来说就是:致力于人格的自我完善。因而所有的努力都应该以其对此目的的贡献来衡量。而现代教育家则对大学理念有了新的理解与阐释。1998 年 3 月 23 日,哈佛大学校长尼尔·陆登廷在北京大学演讲中谈到 21 世纪高等教育面临的三个主要挑战和重要任务时,首先提出的是人文学习的重要性。他认为:最好的教育不但帮助人们在事业上获得成功,还应使学生更善于思考并具有更强的好奇心、洞察力和创造精神,成为人格和心理更加健全和完美的人。这种教育既有助于科学家鉴赏艺术,又有助于艺术家认识科学,它还帮助我们发现没有这种教育可能无法掌握的不同学科之间的联系;有助于我们无论作为个人还是社区的一名成员来说,度过更加有趣和更有价值的人生。如果简略地表述照尼尔·陆登廷先生的观点,我们可以这样说:大学的宗旨是为了培养具有健全的道德伦理意识、思想自由以及探究精神与独立思维能力的合格公民。

有位学者援引的这么一个小故事足以引起对中外大学办学理念之间差异的深思。

几年前,哈佛大学神学院录取了一个看上去让人觉得不可理解的学生。这个学生天赋甚高,在理科和音乐方面均表现出过人的潜质。如果他专攻理科和音乐,可以轻而易举地被麻省理工学院或著名的朱丽亚音乐学院录取,但是,他却选择了哈佛大学神学院,意即:将对信仰的追索作为人生的第一要务。这一举动让很多哈佛大学教授百思不得其解。众所周知,作为麻省理工学院或著名的朱丽亚音乐学院毕业生,人生可能获得很大的成功;而一个神学院毕业生,却可能连一个稳定的职业都难以保证。面对诸如此类的问题,这位学生满脸坚毅地回答:我还年轻,挣钱或什么其他机遇总会有的,可以慢慢来,而信仰问题,神是什么,这是我必须首先明确的人生信念问题,这个问题不解决,我一天也难以安宁。进大学不是为了寻求一个看似理想的职业,而是为了我的人生。诚然,关于这个答案,仁者见仁,智者见智。就此而言,判断其正确与否并不重要,重要的是,他的理念提出了一个问题:进入大学求学的宗旨是什么?如果换一种角度,就可以转换成另外一个问题:高等教育的办学理念与宗旨是什么?

不言而喻,植根于西方人文传统、基于人格的自我完善的大学理念在欧美国家渊源已久,那么,国内高等教育办学理念是什么呢?20世纪80年代后由于西方人文思想与教育理念的冲击与影响,国内大学办学宗旨的主流理念演化为这样一种观念:传授知识、发展科学、服务社会。近30多年的教育实践表明,由于传统思维定式的影响与作用,人们形成一种普遍的共识:传授知识是人才培养的第一要义,而人才培养又是以适应社会和服务社会为导向和目标。在大多数人看来,这种教育思想似乎是无可非议的,然而,问题的症结却在于:我们的大学在"适应"社会的同时缺失了自己,在"传授"知识的同时疏离了对精神本原的求索。

如上所述,20世纪70—80年代以来,处在社会转型期的国内高等教育不无遗憾地失落了它最本原的东西。真正的大学是以提升"人"的品性与学养为天职,它所关注的只能是个人的自我完善。因此,大学需要固守着一种精神:大学滋养着学子们的人格、信念,孕育着理解、把握与超越现实世界的品性、素养与能力,从而成为一代学子的精神家园。对这种精神的守望,是高等教育永恒的信念与追求。

四、大学理念与大学图书馆的使命

大学理念如此,那么大学图书馆在贯彻与实践这一理念过程中的功能与作用是什么呢?中山大学校长黄达人教授在中山大学图书馆80周年馆庆暨新馆开馆典礼上的讲话中对这一关系的界定是颇有见地的。他指出:“图书馆是大学的地标,它是大学的象征,是大学精神的重要守护者。”

作为大学的一个重要的标志性的组成部分——图书馆是以追求现代文明为己任的大学里最神圣的知识殿堂,这一点是可以得到广泛认同的。诚然,如果就其使命而言,它除了体现为知识殿堂以外,更重要的是办馆理念与大学精神应该是一脉相承的。21世纪,公共图书馆在重续精神链条——“共享共建、服务大众”时,在倡导以人为本、建设和谐社会的背景下,发挥公共文化机构的作用,消除“数字鸿沟”。而大学图书馆应该做什么?笔者认为,在大家所认同的主流理念——从技术主导到人文关怀,或者表述为实现从信息歧视到信息平等的转换以外,还应该注入新的内涵。就此而言,中山大学图书馆的馆训——“友善、宽容、疏导、开放”应该给人们一种启示;然而,需要指出的是,它所蕴涵的人文情怀还仅仅只是给出了一种思考维度,真正的大学图书馆精神还远不仅限于此。

如前所述,现代大学的使命就是培养具有道德责任、思想自由、探究精神和独立思考能力的合格公民。能否完成这一使命,取决于一所大学具备怎样的精神氛围。正如约翰·亨利·纽曼在《大学的理念》中所称道的:“当一大群敏锐、开放、富有同情心的、善于观察的青年人来到了一起,并且自由地相互交流,他们肯定会彼此学习,即使没有一个人来教他们;所有的交谈就是对每一个人的系列讲座。日复一日从他们自己那里得到了中心的观念、新的思想材料、独特的判断和行动原则。”这是现代教育家约翰·亨利·纽曼先生对一所大学的使命及其所应具备的精神氛围的独到的理解与阐释。由此可以看出,一所致力于完成现代教育使命的大学最重要的作用就在于构筑学子们彼此思想、观念的交流与碰撞的平台，后者的作用并不亚于组织老师们在课堂上带给他们的一些新的知识构架的影响与作用。那么，在这样一种平台之中，图书馆将是一个极为重要的环节，或者说，图书馆无疑应该成为体现一所大学本身精神氛围的标志性场所。

毋庸置疑，大凡进入大学图书馆大门的莘莘学子，都满怀着某种探求世界、完善自我的热情，势必希望得到理解、回应与支持。面对这样的群体，图书馆应该为他们做什么？一般意义上讲，大家都认同图书馆应该成为学子们的精神家园。笔者认为，一个致力于实现上述使命的图书馆应该成为学子们的“精神沙龙”，所有服务都以力求增进他们的道德意识以及使其自由地思考，以获得最大限度的自我完善为宗旨。为此，应该努力做到以下几点：

中山大学图书馆的馆训——“智慧与服务”所透射出的人文关怀应该成为大学图书馆管理层所守记的基本原则，“智慧因服务而无穷无尽，服务以智慧而光彩照人”；推行以开放为主导的柔性管理服务系统，以有利于学子们尽可能充分地利用可资利用的各类资源。

创设有利于激发学子们自由思考、探求未知世界的精神氛围和物理环境，使图书馆成为真正意义上的精神沙龙，以利于他们在各种形式的交流、沟通、碰撞中发现自我，最大限度地释放自己的潜能。

提升服务功能与层次，服务模式应为数字图书馆的主流服务模式——以主动“推”式为特征的集约型知识服务，即通过简洁、友好的公共用户界面，利用各种智能化技术，建立能针对硕博士研究生知识构成特点的个性化信息服务系统。

第二节　数字图书馆核心理念：共享、合作与服务

一、问题的提出

20 世纪 80 年代以来，互联网的普及，改变了人类获得、拥有、利用、处理、交流知识的方式 。新工具导致了科学技术、人文历史研究

环境的改变，拓展了知识领域的范畴。知识、文化、文明的传播和交流方式发生了革命性变革，新技术正在推动生活方式、社会结构、文化内容发生史无前例的变化。Internet 的产生与发展，对人们的思维方式、工作模式以及生活理念都产生了巨大的影响与冲击。以 E-mail 为主要应用的第一代 Internet 把遍布于世界各地的计算机用 TCP/ IP 协议连接在一起；第二代 Internet 则通过 Web 信息浏览及电子商务应用等信息服务，实现了全球网页的连通；第三代 Internet 网格（grid）将试图实现互联网上所有资源的全面连通，包括计算资源、存储资源、通信资源、软件资源、信息资源、知识资源等，在作为操作系统的网格中间件的作用下，形成虚拟计算组织，用户可以在全球任何地方访问所需的资源，从而使资源得到充分共享，这就是网格技术（ grid technology）。上述过程对图书馆建设与发展也产生了巨大影响。这就是本书要讨论的数字图书馆或者叫做图书馆数字化建设的问题 。

数字图书馆是知识经济时代基于计算机与信息通信技术的发展产生的一种虚拟形式的图书馆。就此而言，对它的研究与界定处于不断发展和演化过程之中 。一般认为，从数字图书馆发展历程来看，它已经经历了三个发展阶段：第一代数字图书馆——基于数字化资源的数字图书馆，主要在特定文献资源数字化的基础上建立数字信息资源系统。第二代数字图书馆——基于集成信息服务的数字图书馆，支持分布的数字信息系统间的互操作，及这些系统间无缝交换和共享信息资源与服务。第三代数字图书馆，围绕用户信息活动和用户信息系统来组织、集成、嵌入数字信息资源和信息服务，直接将数字信息服务体系与用户的管理信息系统、工作流管理系统、计算机辅助协作系统、知识管理系统、数字学习系统或虚拟实验系统等无缝链接。

目前，学界普遍认为数字图书馆并非一个实体机构，而是一种基于网络信息资源的采取新型管理模式的虚拟图书馆，即一种知识获取、开发利用的全新运行范式。它是以统一的标准和技术规范为基础，将有价值的文本、声音和图像等多媒体信息资源数字化，再实施信息增值加工后存储于分布式海量资源库群，并以智能检索技术为手段，通过广域高速网络向全世界用户提供信息服务。数字图书馆的核心问题是有序的信息组织，并依据不同用户的需要而提供个性化的服务。应该说，数字图书馆的建设不仅给图书馆业带来一场革命，而且也为数字时代的知识、文化传播打开了大门。

北方交通大学图书馆萨殊利先生在一个专业学术报告中探讨了数字时代图书馆面临的种种问题。他首先提及美国加州大学伯克利分校一项数字信息规模和增长速度的调查，该调查表明：进入21世纪以来，全世界每年生产的信息大约为全世界每人250兆字节。所有印刷载体的信息量只占0.003%，平均年增长率为2%；磁介质所承载的信息量达93%，年增长率为50%—100%。此外，网络交流中也产生大量的数字化信息，E-mail达到11 285TB，USENET（世界性的新闻组网络系统）达到73TB；WWW网络中不重复的可供公共浏览的网页达21亿个（每个网页平均10K数据），每天将会增加7百万新网页；众多网络数据库还以非网页形式存储了7500TB数据，包含5500亿个不同的记录或文件。毫无疑问，这样一种态势对图书馆形成了极大的冲击。有关研究统计数据表明，84%的用户使用搜索引擎开始信息检索，1%的人从图书馆网页上开始信息的检索。自从网络出现后，信息用户越来越少利用图书馆；图书馆及其多项资源和服务以及在图书馆工作的信息专家们，在当今的信息用户中的印象已逐渐模糊了，图书馆现在的作用并不像原来那样显著了。

不言而喻，这一态势使图书馆界的同仁们普遍感到困惑：谁来使用图书馆？图书馆应该提供什么服务？于是，大家开始关注图书馆的发展趋向，即从传统图书馆——复合图书馆——数字图书馆转型的过程，而这一过程主要取决几个主要素：开放——共享——服务。本章节就由此切入有关问题的讨论。

二、开放:网络环境中文献资源获取方式的多元化

数字时代丰富的数字信息和便利的网络化环境使资源共享成为图书馆与社会公众(读者)一种普遍的愿望,而且这种共享愿望包括多个层面,因而在多个层面推动着图书馆与社会公众以及其他利益群体之间的开放与合作进程。例如,信息资源一直为不同的社会单元所垄断,传统印刷资源由图书馆垄断,新型电子资源由数据库商垄断,用户要求打破学术资源垄断,图书馆要求开放数据、系统、平台、遵循开放的协议、标准。显然,开放正成为一种趋势和潮流。

从国际上看,呼吁与推动学术资源的开放即所谓开放获取(Open Access)似乎属于开风气之先的创举。开放获取(Open Access)是国际科技界、学术界、出版界、信息传播界为推动科研成果、学术信息的传播,利用因特网无障碍、自由传播和经济利用而发起的运动。其目的在于促进科学信息的广泛传播,促进学术信息的交流与出版,提升科学研究的公共利用程度,保障科学信息的长期保存。该项运动所创导的出版模式:"发表付费,阅读免费",该模式得到了广泛的支持。英国下院科技委员会建议政府,要求本国大学应确保所有论文均可在网上免费取阅,政府提供科研资金的成果可以免费使用。美国众议院拨款委员会通过了一个法案,支持出版物的"开放阅览"(Open Access)。在欧洲,德国、法国和瑞士最主要的科研协会,签署了一份呼吁免费使用科研成果的文件,它又被称为《柏林宣言》(Berlin Declaration)。

2001年,网上出现一组免费阅读的杂志,这组杂志统称为"公众科学图书馆"(Public Library of Science, PLoS; http://www. PLoS. org/)。这个名为PLoS Biology的科学杂志,对读者免费,向论文作者收费,一篇论文1500美元。2005年10月3日,雅虎宣布组建一个名为"开放内容联盟"(Open Content Alliance, OCA)的组织,旨在让人们更方便地访问在线的图书、音频和视频内容,同时解决出版商担心的版权问题。OCA实际上将成为一个向任何人免费开放的、可以搜

索的庞大的图书馆，无论是个人网络用户还是商业机构都可以使用。近年来，这一动向也引起了国内学界的关注。由中国科学院和国际科学院组织（IAP）在北京共同主办了“科学信息开放获取战略与政策国际研讨会”，中国也首次出现的开放获取平台——奇迹文库。

与此相仿,近年来,国际信息服务业又出现了诸多新的服务模式。如以 e—Learning、e—Science、e—Business、e—Goverment 为代表的新的用户需求和信息行为;以 Wikipedia、Weblog 为代表的网络交流平台;以 Institute Repositories 为代表的机构知识保存平台;以 Google Scholar 、Google Print 为代表的新型信息服务机制;以 Open Access 、Public Access 为代表的新型学术交流模式等。除此之外,就在 Google 公布“谷歌印刷”项目的几天后,亚马逊就推出了两个新型的数字图书服务产品——“亚马逊书页”(Amazon Pages)和“亚马逊升级”(Amazon Upgrade)。“亚马逊书页”允许顾客可以购买一整本书,也可以购买书的一部分、一个章节甚至是一页,就像顾客可以购买一张专辑中的一首歌那样。“亚马逊升级”则使顾客可以在网上浏览任何已购买的图书。亚马逊采取分章节收费阅读的方式,估计一本价值 20 美元的书在网上的阅读权可能只卖 1.99 美元左右。

虽然,断言上述开放获取等新的信息服务方式何时成为主流理念尚为时过早,但它足以说明:随着时间的推移,社会公众与读者获取文献资源方式将日趋多元化。这一态势给我们提出了一系列问题:网络环境下,资源的日益开放对图书馆意味着什么?读者对信息的获取越来越简便,读者对网络资源的依赖越来越多,读者离图书馆越来越远,如果读者不再需要图书馆,图书馆还有什么意义?简而言之,图书馆该如何面对日益严峻的挑战?

三、合作与共享:建立各类图书馆联盟

进入 21 世纪以来,全球范围内的信息服务业的格局发生了很大的变化,其显著特征就是信息服务商的渗透与扩张。其中的主要代

表就是Google帝国的崛起。迄今为止Google提供的服务已达49种之多,人们惊呼:Google已成"互联网之王"。毋庸置疑,面对日益严峻的挑战,OCLC在《2003年OCLC环境扫描》报告中指出:作为一种社会功能,图书馆可能会一直存在下去,但作为一种组织机构形态,却未必。新信息环境的形成,使图书馆行业与其他信息服务行业的界面日渐模糊,这既给图书馆带来了广阔的发展空间,也可能给图书馆带来莫大的冲击。2007年初,北京邮电大学图书馆代根兴教授在一个学术报告中描述了进入21世纪以来国际图书馆界发展的一些新动向:

(1)重新认识和发挥作为场所的物理图书馆的作用;

(2)了解读者需求,走进用户的空间;

(3)积极参与和推动开放存取(Open Access);

(4)创建或协助建设机构知识库(Institute Repositories);

(5)建立信息共享中心(Information Commons);

(6)开展网络信息资源保存研究和实践;

(7)与Google、雅虎等合作,开展数字图书馆建设;

(8)开展信息素养教育。

上述种种表明:图书馆只有建立一种旨在通过网络环境加强与推进业内各个层面的合作与共享的机制,扩大服务功能及对象的覆盖面,以此来获得可持续发展的生存空间。这种合作与共享的协调发展机制就是各种类型的图书馆联盟。应该说,国内外图书馆界早已意识到这一趋势和走向,并已在多个层面上启动馆际合作,问题只是在新的格局下如何来应对来自信息服务商的巨大冲击。

纵观现代图书馆学史,图书馆之间的馆际合作起步最早、规模最大的合作范式当推OCLC。OCLC全称为"Online Computer Library Center"(联机计算机图书馆中心)。该中心创建于1967年,前身为俄亥俄州大学图书馆中心。用目前流行术语来说,该中心启动阶段是由54所大学联合建立的一个网络图书馆,提供的主要服务:编目、参考咨询、资源共享、资源保存。1977年,这一区域组织扩展为全美图书馆合作网络,1981 年正式更名为 OCLC。其成员图书馆已从俄亥俄州 54 家高校图书馆发展到美国 50 个州的 2300 家图书馆,书目数据库发展到总计 500 万条不重复的记录的规模。与此同时,该系统跨出美国向欧洲及全球发展,涉及英国、欧洲大陆、中东和非洲。1986 年,其服务网络发展到亚洲、太平洋沿岸和拉丁美洲。通过近 40 年的发展,OCLC 成为真正的全球化的信息资源服务网络。

与此同时,国外图书馆各种层面的合作也开展得很有成效。在欧洲,不仅各国国内图书馆广泛开展合作,而且国际合作也开展得颇有成效。例如,由欧洲图书馆员联盟各会员国(英国、法国、德国、波兰、荷兰、芬兰等)国家图书馆合作实施国家数字化图书馆计划,建立通往欧洲各国国家图书馆信息的网关,获取欧洲各国国家图书馆的整合信息服务,后来俄罗斯也参加了这一计划。与此相仿,国内的合作与组织,如中国高等教育文献保障体系(CALIS)、中国数字图书馆 、国家科技图书文献中心(NSTL)、国家科学数字图书馆(CSDL)等等,都是国内很有影响的数字环境下的图书馆联盟。

国内学界也非常重视区域性信息资源共享体系运行机制方面的研究,并且在多个层面上开展了相关研究。1998 年 12 月问世的《上海地区文献信息资源共享问题研究》报告被认为是我国宏观文献资源建设理论的一大进展。戴维民先生的《20 世纪图书馆学情报学》主张从物质、制度与技术、文化三个层次开展理论研究,提倡建立一个立体的、具有整体演化和可持续发展以及充满创新活力的信息资源共建共享运行机制和保障体系。关于区域信息资源共建共享方面,徐引篪在《图书情报的未来——2010 年发展预测》文献中指出,美国读者通过计算机网络服务,95% 以上的文献要本地区获取,利用全国性网络系统获得的信息资源只占很小一部分,这说明开展区域性信息资源共建共享的必要性。上海、北京、广东等经济、文化发达地区起步较早,取得一定成绩。1993 年,北京中关村建立的信息资源共享网络“中国教育与科学研究示范网”是建立在网络技术平台上的区域信息资源共享系统,奠定了中国信息资源共享的实践基础。

1995年，上海完成了上海图书馆与上海市科技情报所的合并工程。1998年末，国家图书馆、北京大学、清华大学、中国科学院文献情报中心签署资源共建共享合作协议。1999年初，中国100多家图书情报单位签署“文献信息资源共建共享倡议书”；同年5月，上海地区文献资源共建共享领导小组成立，启动上海地区文献资源共建共享平台和协作网；同年，江苏地区开始资源共享的探索。2002年5月，北京大学图书馆等20多家高校图书馆成立中国高等学校图书馆联盟。

总之，网络环境下图书馆界开展的各种形式的合作带来了新的发展契机，使自身生存空间得到有效的拓展。

四、数字时代图书馆服务理念与核心体系

1. 服务理念

网络时代，用户所面对的图书馆运行体系与传统图书馆大相径庭。其中，用户在使用资源时面临诸多困难：资源类型多样（电子资源、印刷品、数据库、OPAC、网络等），检索系统与应用平台各异，面对海量信息资源的无所适从，各种资源间相互阻断即缺乏链接机制。这些都使大多数用户望而生畏，成为无法逾越的障碍。而用户希望的一种理想的使用状态，其低层次需求为：无需专业的训练，仅通过统一、友好的界面，方便快捷地检索并获取到图书馆的所有资源；在相关资源导航指引下，或通过资源间的有机链接直接获取全文。其高层次需求为：从个性化的资源存取乃至无所不包的一站式的信息服务。数字时代图书馆的服务理念为：以用户需求为导向，持续改进服务。据此，业界人士普遍认为：图书馆整体目标已与过去不能同日而语。其在网络环境下服务功能及水准的整体目标已表述为：

（1）提供多种层次服务

①文献服务：图书馆的传统服务。

②信息服务：向人们提供有用的、以显性信息为内容的信息传播过程。

③知识服务:是指从各种显性和隐性信息资源中,针对人们的需要将知识提炼出来的过程,它是以资源建设为基础的高级阶段的信息服务。具体内容如下:

• 直接提供显性知识信息;

• 以智能化手段挖掘蕴藏于大量显性信息当中的隐性知识;

• 提供构成内容广泛的知识网络,为用户提供最方便的知识获取途径;

• 开发人们头脑中的隐性知识;

• 针对人们的需求提供解决具体问题的方案。

(2)提供嵌入式的个性化服务。

毫无疑问,数字时代衡量图书馆服务效能的标准不再单纯是为用户提供了哪些资源,而是是否解决了用户的问题,即是否提出时下业界很流行的"解决方案"以及解决方案实施的最终结果。不言而喻,图书馆员角色、身份与职责也随之产生深刻变革,即他们的工作空间从台前转向幕后,工作性质从显性走向隐性,工作职能从资源管理者转向资源整合者,从资源提供者转向知识发现者。

2. 数字图书馆核心体系

如前所述,数字图书馆的发展经历了几个不同阶段,其核心系统构成也会随之产生变化。就数字图书馆目前的发展水平来看,大体上可以分为两类,一类是常规系统,如自动化管理系统、OPAC 及联合目录系统、馆际互借系统、网络资源导航、跨库检索、自建特色数据库开发平台等;一类是目前尚在开发建设中的系统,如门户网站系统、认证系统、综合计费系统、数字图书馆远程访问系统、虚拟参考咨询系统、电子资源管理、SFX 等系统。前者在图书馆建设初期一般都会部署,而后者近年来也开始在各类数字图书馆项目中出现了,估计一两年内都会成为数字图书馆核心体系建设的主流。就目前的发展态势来看,如果上述两类系统都能配置到位,那么这个系统就具备数字图书馆的基本功能。

迄今为止,虽然数字图书馆建设历经了几个发展阶段,且已取得令人瞩目的进展,但还是存在许多问题亟待解决,例如,具有普遍适用性的相关的数字化建设标准、规范迟迟不能出台,各种体系的相互阻断,无法形成共享平台,网络文献资源的合法利用与知识产权等问题。这些问题已经存在多年,但始终未得到有效的解决。应该说,这几个问题对于数字图书馆的发展来说都是至关重要的,如果不能解决,对数字图书馆的发展将是严重隐患。在此,仅仅只是提出问题,有关讨论在以后章节逐步展开。

第三节　人文精神与现代技术的融合：数字时代的图书馆理念的演化趋向

20世纪90年代以来,高速发展的计算机网络、通信、多媒体技术将人们带入了信息社会,亦将图书馆建设和发展引入了数字化进程。这一进程使国内图书馆运行模式沿着信息资源数字化、信息服务人性化、信息利用共享化的方向发生了深刻变化,不仅使信息的采集与组织更加人性化,信息服务更加个性化与知识化,而且使文献信息以各种媒体形式进入每一个需要提供各类服务的终端,开始成为所有社会成员共享的公共资源。图书馆过去未能实现的向社会成员平等地提供所需要的知识、信息服务的理念在全球网络化、数字化过程中衍生的信息文化理念中得以实现。以"用户需求为中心"这一充满着人文关怀的价值取向成为图书馆数字化进程的主流理念。在图书馆数字化进程中,这一文化理念不仅创设了人们平等、自由获取知识、信息的氛围,更重要的是,它所承载的人文主义精神在资源建设、服务体系、管理理念多个层面上推动着传统图书馆向现代图书馆转型。

总体上讲,数字图书馆的发展正如其他信息产业部门的发展一样,不仅由信息技术推动,而且由用户需求推动。在工业化社会,人文思想传统与技术理性的分野是一种历史发展阶段的产物。在知识经济时代,亦即信息或数字时代,两者之间的关系正在发生深刻变化。今天,人们倡导数字图书馆建设以人为中心即“以用户需求为导向”,实质上是一种在新的历史条件下的图书馆理念的重构。其思想真髓就是弘扬一种科学精神观照下的人文关怀,即在人文传统与技术理性这两条看似平行发展甚至相互拒斥轨迹之间发现两者走向融合的历史趋向。由此,可以将数字图书馆建设宗旨解读为:在现代信息技术与人文思想相互融合的技术与服务平台上实现具有高度人文关怀的科学精神与具有现代科学意识的人文精神的趋同与融合。

一、数字图书馆的历史作用

数字图书馆发端于互联网的发展和普及而兴起于20世纪90年代初期,其本质是为了实现信息资源共享而进行的一种数字化、网络化的信息资源组织形式。虽然技术与服务平台是数字图书馆建设的重要内容,但其宗旨是保障社会公众公平利用信息的权利。其主要作用如下:

(1)从根本上提升文献信息资源共享体系建设的层次

不言而喻,信息资源共享一直是信息管理关注的一个重要问题。就传统视域而言,信息资源共享主要着眼于两个方面:其一是信息资源如何合理布局和配置以实现最大限度的共享;其二是通过信息提供者之间的合作来实现信息资源共享。早期信息资源共享主要局限于文献领域,比如馆际互借、联机编目、联机检索、联合采购等。随着计算机技术、网络技术的发展,文献信息资源共享体系建设的深度和广度得到了空前的提升与拓展。今天,利用网络环境以及各种搜索引擎获取各种媒体的文献信息资源则已经成为社会公众普遍利用的公共手段与技能。在高速发展的知识经济社会中,快速、全面地获取信息和知识是人们生存和发展的首要前提。数字图书馆为网络文献信息的获取、组织与管理以至开发、利用提供了一个新的公共平台。在所谓数字资产管理等理论和技术的支撑下,数字图书馆给广大的用户提供知识服务,特别是提供对于海量信息集合查询和复杂结构、多种媒体形式信息查询,以及由此衍生的定题与定制服务等集成式、互动模式的个性化服务,凸显了数字图书馆技术强大的技术优势与人文化的服务理念。从这个意义上讲,正是由于数字图书馆提供的广义的知识服务,从而从根本上提升了信息资源共享建设的层次。

(2)推进信息与知识平等获取的历史进程

众所周知,数字鸿沟是时下信息资源建设过程中一个使用频率很高的术语。它的含义可在几个层面上加以阐释。从技术层面上看,它可以指由不同技术系统支撑的服务平台彼此之间无法兼容而难以实现共享,进而形成所谓的数字鸿沟;从信息与知识平等获取的层面上看,它可以指数字时代那些拥有获取知识与信息手段的社会公众与那些无法拥有上述手段者之间存在的鸿沟,这种差距或沟壑是由于信息技术及相关资源配置不均衡引起的不平等。如前所述,数字图书馆的宗旨就是实现知识与信息的共享。从广义上讲,数字图书馆提供了超越实体图书馆的一种更广泛的虚拟空间。作为地球村的一分子,仅需一台个人电脑(或许还需要交上少量费用),人们便可以随心所欲地在网上遨游,在某种欣喜与愉悦中获取无数个专业网站或网络图书馆向公众开放的各种信息。这无疑体现了信息社会信息与知识平等获取的价值取向。它明确无误地告诉世人:对于所有数字图书馆的用户而言,知识与信息都是平等、共享、公开的。据此我们可以说,数字图书馆在更高的历史层面上还原了图书馆精神。

(3)弘扬“以用户需求为导向”服务理念

数字图书馆核心理念就是“以用户需求为导向”,因此,用户是数字图书馆的“上帝”;违此信条,数字图书馆的存在价值就成为一个值得探讨的首要问题。数字图书馆服务的效能如何,数字图书馆技术发展进程是否科学合理,唯有用户满意度是至高无上的评价标准。因此,用户在数字图书馆服务理念中始终占有最重要的位置。这样一种服务宗旨与理念与传统图书馆有着极大的差别,这是一种在现代信息社会强大的技术体系支撑下的人文关怀的典范,也是国内某些思想流派所尊崇的所谓信息文化理念的精髓。

二、数字图书馆建设的核心要素:用户研究

就数字图书馆建设的技术层面而言,主要涉及三个平台:

①支撑图书馆网络体系且适应用户平台通用性的底层软件平台;

②富于人性化的知识信息组织,即资源建设平台;

③提供充分个性化服务的读者知识服务平台。

上述平台如何搭建,亦即如何面向各种用户实现个性化服务,首要前提就是做好用户研究。这项用户研究的主要内容包括:

①用户知识构成与需求分析;

②用户查询行为以及用户偏好分析;

③数字图书馆用户评价与界面设计的友好程度,各种应用系统与用户的“嵌合”程度;

④数字图书馆以用户需求为转移的个性化即嵌入式服务体系的构成。

这些内容涉及数字资产管理模式、行为科学、对用户的对象化专题研究、用户信息素养教育等方面。就用户需求分析而言,很多问题值得关注。与此同时,还有一个重要问题值得探讨。数字图书馆的一个强大功能就是作为一个互动平台提供交互式的信息服务。用户可以利用现有应用系统建立完全个性化的子系统,如“我的数字图书馆”。这类个性化服务系统在尽可能使每一个人在成为文献信息的共享者的同时,也扮演着共建者的角色,也使我们的数字图书馆真正成为一个开放式的共建共享平台。

三、以用户为中心的数字图书馆的基本服务模式

从广义上讲,数字图书馆的服务模式就是一种主动型的,且不因对象不同而有任何变化的;随时发布各类媒体形式的信息,不断地通过网络将读者所需要采集的文献信息传送到相应的数字终端;从更

深层面上看,其服务模式凸显人性化乃至个性化,所谓个性化就是一种"嵌入式"的服务,其服务环境是非线性化的、动态多变的。毋庸置疑,随着数字化进程向纵深发展以及整个社会信息化、数字化程度的提高,这种服务模式将逐渐变为现代图书馆的主流模式。以用户为中心的数字图书馆的服务模式是多层面的。如果需要讨论它与以前服务模式有什么差别,一言以蔽之:它使图书馆的服务模式从信息服务走向了知识服务。

何谓信息服务?人们通常认为:信息服务的基本属性就是向用户提供其所需的显性信息与知识为内容的信息传播。这一过程对人们社会生活中的作用、影响讨论得很多,故不在此赘述,仅就其特点与不足讨论如下:

(1)内容仅限于显性信息的罗列

在信息服务过程中,为用户采集、提供的信息都只是原始形态的"文献资料",而不包含对文献内容的任何分析、提炼。例如,人们借助于各种搜索引擎与检索系统获取各种文献,相互之间是平行的,未能按照某种结构与逻辑关系构成为用户所用的知识单元。例如人们看过题录摘要难以切中要领;即便读完了一次文献,仍不能准确把握作者的观点在相关元素构成的知识单元中的作用、影响与地位。简而言之,所谓信息服务提供给用户的只是以各种载体呈现的原始状态的文献信息,无法激活人的思维活动对其中蕴涵着的隐性知识的开发与利用。例如,在各种源数据库中存在大量信息,就从事某项专业工作的用户而言,都可以将其作为知识储备的必要条件与基础,但是,当用户面对从数据库中检索到几十甚至几百篇相关文献时,其相互之间如何关联,如果不一一研读,势必难以把握其中要旨。

(2)无法满足用户个性化知识需求

图书馆所拥有的资源一般是从其信息采集范围的完备性、层次性、数据更新的及时性、数据的可交换性等方面的指标估计它对某类用户群的适用程度,从未对个性化的信息与知识需求的满足程度问题进行深入、客观的考察。由此不难看出:信息服务虽能提供用户所需要的快速、便捷的服务，但始终只是停留在表层，难以很有针对性地解决人们的问题，也就是现在用户十分看重的解决方案。对于任何一个特定用户的特定需求来说，网络信息资源总有大量的冗余信息，而信息库几乎都是由异构数据组成的，如何从中将最有针对性的信息找出来，则只能用“信息挖掘”方式。“信息挖掘”就是通过数学的或者是非数学的、演绎或者是归纳的方法，从大量的、不完全的、模糊的、随机的数据中提取潜在有用的信息和知识的过程。这是数字图书馆一项非常重要的服务功能。

由于常规信息服务无法挖掘各类隐性知识，难以对信息资源进行彻底的开发与利用，因而限制了它的发展空间。因此，知识服务便应运而生了。知识服务是指从各种显性和隐性信息资源中，针对人们的需要将知识提炼出来的过程。它是以资源建设为基础的高级阶段的信息服务。知识服务功能主要包括知识导航、知识关联、知识发现，主要内容如下：

①智能化手段挖掘蕴藏于大量显性信息当中的隐性知识。比如，利用数据库群构造各种专业或特殊用途数据库，利用诸如此类数据库进行全文文献的智能化聚类，使读者可以得到专门化的知识等。

②提供构成内容广泛的知识网络，为用户提供最方便的知识获取途径。开发各类文献资源调度系统或跨库检索系统，使用户从数据库检索中所获文献按照一定的逻辑关系构成相互关联的“知识元”，并与各种数据库的全文进行链接，构成内容广泛的知识网络，为用户提供最方便的知识获取途径。

③开发人们头脑中的隐性知识。利用各种模拟环境与有效沟通途径及方式与用户进行互动交流。在此过程中使人们隐含于头脑中的知识在“交流与碰撞”状态中迸发出来，进而演化成为可资利用的显性知识。

④针对人们的需求提供解决具体问题的方案。根据用户的需求，组织专业项目工作团队并配置相应资源，为用户提供针对性极强的一站式、集成化的“嵌入”式服务，亦即满足用户个性化特殊要求

的一揽子解决方案。

显然，知识服务的价值远远超过信息服务，它的问世将人们获取知识的能力提升到一个全新的水准。数字图书馆的诞生使实现从信息服务到知识服务的跨越式发展成为可能。本章节就有关数字图书馆知识服务主要功能——知识导航、知识关联、知识发现的内涵进行了初步讨论；如果继续深入，就会分别涉及以系统为中心的技术系统（支撑图书馆网络体系且适应用户平台通用性的底层软件平台）、以内容为中心的技术系统（知识信息组织，即资源建设平台）、以用户为中心的技术系统（提供充分个性化服务的读者知识服务平台）在未来数字图书馆技术发展过程中的变化趋势，以及以语义网及网格技术为前提的资源一体化与服务一体化的问题。这些问题将在后续章节中有所涉及。

参考文献

1　程焕文. 权利与道德——关于公共图书馆精神的阐释. 图书馆建设，2005(4)

2　黄达人. 图书馆是大学精神的守护者——在图书馆80周年馆庆暨新馆开馆典礼上的讲话. 中山大学学报，2004(6)

3　孙向晨. 大学教育何以为大学教育. 文景，2004(4)

4　范并思. 理论图书馆学视野中的数字图书馆研究. 中国图书馆学报，2002(1)

5　李国新. 图书馆权利的定位、实现与维护. 图书馆建设，2005(1)

6　程焕文. 周旭毓. 图书馆精神——体系结构与基本内容，图书馆，2005(2)

7　杨文祥，付鹏. 图书馆精神研究综论与若干基本问题的思考——"图书馆精神跨学科 历史思考"系列论文之三. 图书馆，2005(3)

8　肖希明. 人文视野中的数字图书馆. 中国图书馆学报，2003(6)

9　林敏. 论数字图书馆建设中技术与人文思想的融合. 情报科学，2006(4)

10　吴志荣. 试论数字图书馆时代的新理念和新方法. 图书情报知识，2002 (1)

第二章　数字时代信息资源建设理念的碰撞

第一节　网络信息资源的开发与利用

一、国内文献信息开发利用的总体态势

上个世纪末以来,国外文献信息资源的开发利用无论数量和质量都出现了新的飞跃。其中,数据库总量与开发利用水准是一个重要方面。毫无疑问,数据库的开发、生产能力是一个国家信息资源开发利用水平最重要的综合指标。它包括数据库总数、数据库质量、数据库的学科领域覆盖率、数据库某一领域的收全率、数据库产品多样性、数据库可加工性、数据库可获取性、数据库时效性、数据库规范性、数据库生产协调性等。与西方发达国家相比,我国数据库产品数量少、品种少、容量小,专业覆盖面相对小,数据覆盖年限短,时效性不强,标引深度不够,总体水平同国外相比差距较大。当前,国外的文献信息资源开发利用技术正在进入一个新的发展时期,其内容开发已从传统的文本信息检索向高精度检索、多媒体内容检索、知识发现、信息内容可视化、知识搜索引擎、语音识别等领域发展;信息检索正在向以人为本、提供和挖掘知识的智能化、多媒体信息检索等新方向发展;信息检索同自动标引、自动摘要、自动分类、自动翻译等集成为整体系统;而且,整个应用领域扩大到经济、金融、政务、文化、教育等不同领域。反观我国文献信息的开发与利用还处于相当落后的态势,总体上讲,信息检索目前仍以文本信息为主;以简单语法结构为主;以非结构信息为主,技术开发相对简单,同国外技术进展形成强烈反差。

除了信息资源总量与开发利用水平以外,信息资源的共享程度

和网络服务规模仍然是反映我国同世界发达国家差距的重要指标之一。从现状看，我国科技信息服务业受行政划分即条块分割的影响，“信息孤岛”群立的局面尚未改观；信息共享规模小，参与单位少，服务能力有限，缺乏类似 WorldCat、Dialog、Google 之类具有世界市场竞争力的大型数据库和数据库服务提供商。国外信息服务业已实现产业化，具体表现为生产过程的规模化、产业功能的社会化、生产分工的专业化、产业结构的网络化、产品服务的商业化、生产手段的现代化、投入产出的增值化等。我国虽然出现万方数据、清华同方、重庆维普等数据库提供企业，但无论规模、覆盖面、利用率等仍同国外有相当大的差距。很多数据商仍以自产自用为主，数据库生产分工的社会化和专业化尚未形成。近年来，我国陆续出现了 NSTL、CALIS 等信息资源共建、共享的大型项目，但总体上看信息资源整合工作大都仍然停留在比较宏观的层面，参与整合的单位一般局限于传统的信息服务部门（如图书馆、信息所等），整合的内容一般多为联合编目、共建文献数据库、以集团或集资方式引进国外数据库资源、馆际互借等，不仅整合工作的力度和广度远远不够，而且信息资源的集成服务能力也相对较弱。但总的来说，这些项目的投入使我国在推进国家级的文献信息资源共建、共享项目方面已经达到一定的水准。在此基础上，以“整合、完善、提高”为主导加大建设力度，完全可以将其功能与服务水平推进到一个新的层面。

二、我国文献信息资源开发与利用的基本状况及存在的问题

（1）政府部门未能有效地发挥宏观调控作用

20 世纪 70 年代以来，发达国家在推进信息产业发展过程中的一系列成功经验表明，国家在启动、发展、管理、协调科技信息资源的开发利用中如何发挥职能和作用是最关键的要素。毋庸置疑，信息资源的开发利用是一个庞大的系统工程，通常需要跨部门、跨行业、跨地区的协同作战。显然，这就需要政府部门有效地发挥管理、规划与协调职能，充分发挥宏观调控以保证这一产业链条的有效运转。

例如，在美国政府机构中就专门设有负责国家信息基础结构和计划的总统科技顾问助理以及国家图书馆和信息科学委员会，负责规划国家信息服务、起草法规、统一协调和管理国家的信息资源建设和服务，制定诸如国家信息基础结构、信息高速公路、数字图书馆等方面发展计划。英国、法国、加拿大、日本、韩国、印度都设有科技信息和文献的国家管理部门，负责各自国家的信息基础结构建设规划。在我国，缺乏国家层次的全国性、跨行业、强有力的管理协调机构。在20世纪90年代末，原国家科委科技信息司、文化部图书馆司和教育部条件装备司被取消或改组，信息产业部职能明确主管信息设备制造业、软件业、通信业，科技信息资源及其服务业，但长期以来信息服务处于一种游弋状态。我国政府部门职能划分中重硬件轻软件，重建设轻服务，以至完全忽视资源开发利用方面的指导与管理，如此弱化了行业宏观管理和协调，对文献资源开发利用是极为不利的。此外，我国行政管理体系的条块分割，造成了信息系统和服务部门的分割和低水平重复，这一现象与信息资源共建共享的宗旨是相被悖的。

（2）重硬件轻软件的政策导向造成政府投入的严重不足

众所周知，政府投入是各国发展科技信息资源的主要途径与来源。美国政府在实施“国家信息基础设施”（NII）的行动计划的同时，确定了“重点建设数据库，促进信息资源开发和利用”的发展战略，并制定了一系列推动信息资源开发利用的政策法规。美国图书馆与信息科学国家委员会（NCLIS）于2001年发布的《公共信息传播的全面评估》报告建议：“国家设立专门机构，制定信息资源改革法，确立专项预算。”这些举措有力地推动了美国信息服务业的迅猛发展。相比之下，在我国政府的动作明显滞后，不仅缺乏具体明确的、有力度的政策导向，政府对国家公益性信息单位的持续投入也未能保障信息资源建设方面的相对稳定投入份额，故使信息资源建设与服务难以保证连续、稳定的发展势头。解读我国信息化政策，不难发现信息资源开发利用是信息基础结构三个要素（计算机、通信和信息资源）中的核心要素。然而，在具体执行过程中却存在明显偏差。

例如，近十年来，全国邮电投资规模巨大，建成以光缆为主，微波、卫星综合利用，固定电话、移动通信、数据通信、多媒体通信多网并存的电信网。其中，硬件方面投入很大，软件和信息开发与利用方面的投入微乎其微。显然，如果以西方发达国家政府对信息产业同期的投资政策为参照，这种投入结构是严重失衡的。显然，这种政策导向与投入力度对整个信息产业的均衡、协调发展是会带来很大的负面影响的。长此以往，势必会影响信息产业领域里投资的整体效益。

(3)缺乏以政府职能部门统筹规划为主导的良好宏观环境

同自然界的生态平衡一样，信息资源的建设与服务体系的发展需要一个协调和平衡发展的环境，后者涉及信息(信息资源)、人(用户和企业)和环境(信息技术和信息环境)之间的相互影响和相互作用。信息生态环境涉及的要素主要有：国家投入、政策法规、信息资源、人力资源、信息技术、标准规范、经营模式和经验、信息环境等。这些都是需要一个政府职能部门进行统筹规划的问题，而我国现行产业决策机制中缺少对这个环节的必要关注，信息基础结构建设的决策部门和建设执行单位均明显缺乏对信息生态环境的综合系统考虑。这些无疑会约束与束缚信息资源的建设与服务体系的发展进程。

三、技术层面的问题与对策

总体上讲，就投入/产出比来说，我国信息产业发展速度不尽如人意。其原因是多方面的。笔者认为，除了宏观政策层面以外，在技术层面也需从如下几个方面加以改进：

(1)信息资源建设应吸纳系统工程管理的理念

从一般意义上讲，所谓信息资源建设的涵盖面是很广的，并仅仅是多建数据库，而是需要考察诸多环节：从规划到收集信息再到使用信息是一个完整的系统工程，只有在正确地推动上述过程所有环节的前提下，才能使我们以最优化方式获取信息和使用信息，最终达到信息资源建设的目的。要达到上述目的，我们需要以系统工程的理念从事信息资源开发建设,要对信息采集、加工、发布等环节进行全程管理的眼光来审视这一过程,也就是说我们应力求从宏观上把握信息开发与服务的各个环节,其中包括规划计划、分析评测等若干个具体环节;当从事具体信息系统建设时,须将数据库的建设和上述各个环节都包括在系统架构和系统设计中。只有这样才可能在微观系统中进行有效的信息资源开发。

(2)尽早形成统一的技术标准环境

多年以来,我国数字文献资源建设基本格局较为混乱。因为行政职能划分原因,各有关职能在启动此项工作时通常各行其是,自成体系。从中央各有关部委到各地政府职能部门都是如此。由于缺乏统一的资源建设规划及相关技术规范、标准,为后续工作带来极大的隐患。众所周知,在信息资源管理当中,统一技术平台以及相应的规范与标准占据非常重要的地位。只有具备这个前提,才能够实现人机对话以及机器与机器之间进行流通和交换;只有数据信息符合统一规范与标准,计算机应用系统才可能实现跨系统共享数据。为了实现网络环境下的信息资源交换与共享,业界需要制定很多共同遵循的技术规范与标准,如数据、数据交换、XML 模式、元数据标准等。如果没有上述标准与规范,专业人员根本无法设计与开发信息资源库、信息资源管理系统,非专业人员也无法利用信息资源共享系统获取所需信息。在数据的技术规范与标准问题中,制定标准只是其中最重要的一个环节。如果能以前述系统工程的观念看待这项工作,尚有两项工作需要特别予以关注:其一是技术层面对标准动态的维护与扩展,其二是管理层面,即标准与规范的推广。由权威部门发布标准条文是一种推荐和强制行为,至于成效如何,还取决于宣传、推广环节推进如何。只有持续推进,这项工作才能达到预期效果。

(3)技术平台构造机制落后

信息资源的开发建设需要构造技术支撑体系,技术支撑体系必须基于信息资源共享这一根本目的进行设计与构造,而这一点是业界十分缺乏的。例如,国内相当多的开发商为客户设计的 server/database 等架构大都是一种封闭型设计,即从数据层一直到客户层。所有的设计与实现环节大都是在与其他系统封闭隔离的状态下完成的。不言而喻,开发的此类封闭型系统越多,遗留的信息孤岛就越多。这种状况在国内普遍展开的电子政务工程中颇为突出。有鉴如此,国内不少专家学者呼吁警惕电子政务工程不断创建新的信息孤岛。笔者认为,要打破这种局面,必须对与信息资源开发与建设相关资源进行整合与社会化分工,将从事信息资源建设的机构按其细分的业务领域划分为三类:一类专做应用,一类做资源,一类做集成平台;且对信息系统架构进行新的划分:应用系统将不包括数据部分管理,数据部分由信息资源开发商提供,其管理和集成由平台集成商提供。这样,所谓技术平台的架构就由更为专业的公司来承担,而不是由小而全的公司来完成应用、资源及集成平台等全部过程。只有从封闭型应用过渡到开放型"平台式"应用,才可望从技术架构上终结信息孤岛,遂使系统具备真正意义上的共享功能以及良好的可扩展性。

(4)相关理论研究明显滞后

信息资源管理是数字文献资源建设的一个重要问题。很多国外学者将此称之为数字资产管理,相关研究也开展得很深入。从国内情况来看,对信息技术系统、计算机应用系统的研究比较多,而对于信息资源建设体系理论框架的原创性研究却很少,与中国目前 IT 产业的高速发展很不相称。因此,有效地推动信息资源开发利用的理论研究,为我国信息资源建设提供新的思路与方法,对于从整体上提升信息资源建设水准是至关重要的。目前,信息资源理论研究的重心在大学。为了推进这项研究,政府对于高校在信息资源管理领域研究作出突出贡献的学校和学者应给予倾斜扶持政策;同时,加大投入力度,扶持信息资源管理理论研究的队伍和人才,以便从整体上推进这项研究工作。

不言而喻,网络化、数字化环境下的信息资源的开发建设是一个系统工程。它不仅包括培育信息资源的政策环境、确立技术标准与规范、建立科学的技术支撑体系，还包括应用信息资源管理理论对信息资源建设全过程进行合理规划，以及在每个建设环节操作时注意与技术规范及标准的吻合度。只有这样，才有望科学、合理地推进信息资源开发建设进程。

第二节　电子政务工程建设与“信息孤岛”的启示

从2003年开始，电子政务工程建设在全国各地进入全面实施阶段。随着电子政务工程实施范围不断扩大，现已开始暴露出不少问题。其主要表现为：各自为政，结构不合理，标准不统一，互联互通不畅，信息资源开发利用严重滞后等。著名学者、国务院信息化领导小组咨询专家吴敬琏先生也很尖锐地指出：电子政务发展到现在，建设规模日益扩大，发展速度急骤膨胀，但随之问题也暴露出来：一是重新建轻整合；二是重硬件轻软件；三是重管理轻服务；四是重电子轻政务。与此同时，笔者也注意到：虽然电子政务工程建设在国外已实施多年，但成功率只有1/3左右，这个数字是不能让人乐观的。因此，审视和探讨一下电子政务工程所面临的种种问题是十分必要的。只有这样，才能梳理出存在问题的基本脉络，进而使我们在从事高校图书馆资源共享体系建设时能够形成一种合理、有效的操作思路。

一、我国电子政务工程的总体框架

按照国家电子政务工程的整体架构，现阶段我国电子政务工程主要目标就是建立统一的网络环境，实现与政府管理部门已经建成的信息网络及其应用系统的互联互通和具有授权机制的信息共享，逐步建立一批面向公众的业务应用系统等。其电子政务系统应用体系由以下三个层面构成：①外网。与互联网连通，面向社会提供一般应用服务及信息发布，包括各类公开信息和一般性社会服务。②政务专网。政府系统内部（主要指不同级别或同级部门之间）各类非公开应用系统，其中所涉及的信息需在专网上传输。主要包括各类公文、一般涉密数据以及政府部门之间的各类交换信息，后者须依据系统内部设定的各类管理权限传输，防止来自各方的非法入侵。③内网。政府部门内部各类关键业务管理系统及核心数据应用系统，主要包括公文处理系统、各类专项业务或事务管理系统、面向不同管理层的统计及分析系统、不同应用业务数据库系统及统一的数据资源平台。

从操作层面上看，电子政务工程主流理念是以“整合”为主导，基本思路可以概括为：分类整合起步，构建基础环境，发展存量优势，促进资源共享。具体说来，从网络建设的角度讲，是以“组网”方式激活，而不是致力于“建网”；从资源平衡的角度讲，是以存量资源优化为主，而不是以增量资源投入为主。目前，国内电子政务工程建设的基本状况是不尽如人意的，也是与上述基本思路相悖的。一般来说，电子政务工程涉及的问题很多，从技术管理的层面上看，除了有关“政务”的评价指针以外，它有两个核心综合评价指针：①开发利用信息资源的深度；②存量资源优化程度。过去，只要上这类项目，首先就是买买软件或建网站，整个注意力都集中在计算机选型、局域网配置、应用软件系统的配置等方面。笔者认为：从电子政务工程目前的态势来看，无论是“建设”还是“整合”，如果从技术和管理的层面上讲，除了软硬件系统、网络环境以外，电子政务工程成败与否还取决于以下几个方面的因素：

(1)信息资源规划、开发与利用。主要包括信息资源的服务体系、政府信息资源管理体系、信息共享机制、基础信息数据库建设等。

(2)标准和规范的制定。主要包括数据格式、信息共享、网络与信息安全等标准的制定。

(3)网络安全保障体系：主要包括保障与信任体系的建立，管理体制的建立和完善，核心技术产品的研发，以及数据灾难备份等。

如果从“整合”的维度上考察上述问题，所有这些主要相关因素中需要优先考虑的问题是什么？这是我们面临的一个重要问题。

二、企业信息化过程中“信息孤岛”现象的启示

为了回答上述问题，笔者认为，有必要考察和探讨一下我国企业信息化建设的先行者在此过程中的成败与得失。不言而喻，在整个建设过程中前者曾遇到过各种各样的挫折和失败，但其中最为突出的当属这样一个问题：有些企业（主要包括汽车、冶金、石油化工等制造业的大型集团企业）投巨资建立起来的生产、营销和管理信息系统，由于缺乏科学、合理的规划，没有可供执行的统一标准来规范数据格式，致使各个子系统的信息无法交流和共享，形成了众多的“信息孤岛”，根本无法达到预期效果。

生产、经营管理信息系统如此，而行政管理信息系统更是有过之而无不及。以一个很简单的事情为例：一个单位的人事、财务和物流管理往往都会委托不同的专业软件公司来开发或各自购买相应的管理系统软件。职工王小姐在人事管理系统的代码是0301，在财务管理系统的代码是100122，在物流管理系统的代码是00881，在日后的社保信息系统又会编上不同的代码。一旦联网后就会发现各个应用子系统调用同一个人的数据都要通过另外建立的数据接口来进行，而这4个再简单不过的子系统交流数据就需要12个接口。随着联网的子系统增加，接口就会呈指数增长，数量增至一定程度，整个系统就会变得无比复杂，以至不堪重负而停止运行了。这就是“人员代码”这么一个小问题在缺乏科学合理规划、子系统各自为政的信息资源系统里可能产生的巨大甚至是致命的负面影响。

有鉴如此，学界很多学者纷纷撰文就此问题展开讨论。他们认为，出现上述问题的主要原因是操作过程中缺乏对企业信息资源的规划。这里所说的信息资源规划（Information Resource Planning，简称IRP）是信息化建设的基础性、先导性工程，是指对企业生产、经营、管理等系统所需要的信息，从采集、处理、传输到使用诸环节构成整个流程的全面规划。这是我国学者根据F. W. Horton的信息资源管理（IRM）理论、James Martin的信息工程方法论（IEM）和William

Durell 的数据管理(DA)等理论形成的一种解决方案的基本思路。其基本框架就是:运用 IEM 的基本原理开展整个企业的 IRP 工作。首先根据企业的生产经营流程划分出一些"职能域"或"职能场",然后由一些专家小组针对这些"域"和"场"进行信息需求和数据流分析,制定信息资源管理基础标准,建立功能模型、数据模型,进而形成系统体系结构模型,从而产生整个信息化建设的逻辑框架。

在此过程中,学者们特别注重几个问题:①需求分析与系统建模的紧密结合;②制定信息资源管理基础标准;③信息资源规划的重点是总体数据规划。后者具体说来就是将企业的结构不合理、数据冗余混乱的"数据库"进行规范化的重组工作,实现基于统一规范的数据环境的系统集成。其目的就是解决相关系统存量信息资源的优化问题,从而最大限度地提高数据的共享程度。

简言之,上述学者提出的上述种种方法可以概括为这样一种基本思路:信息资源规划是企业信息化的先导工程,其中核心内容就是建立两种模型(信息系统的功能模型和数据模型)和一套标准(信息资源管理基础标准)。这项工作做到位了,企业信息化才有可能达到预期效果。20 世纪 90 年代后期以来,不少 IT 业界的公司基于这样一种构思,针对各类企业的具体情况推出了各种解决方案,取得了较为显著的成效,各行各业都有了不少成功案例。毋庸置疑,这些案例为正在全面激活的电子政务工程提供了可供借鉴的操作思路,遂使后者能够从中得到启示,从而对"信息资源规划"和"信息资源整合"问题予以高度重视。

三、电子政务工程中"信息孤岛"现象的蔓延

按照惯例,实施电子政务工程建设首先应根据电子政务系统信息和应用的特点,进行系统的总体规划和设计。其中的重要内容就是参照企业信息化过程中所谓"信息资源规划"的思路来实施先导性工程的建设,也就是建立信息资源管理系统的框架——统一的管理平台和标准化体系,即各相关系统运行时所必须依据的统一技术

标准和规范、指针体系、运行管理制度等。只有这样一个体系的确立,才能确保整个政务系统成为高效运行的有机整体。笔者认为,这应是电子政务工程建设的先导性工程,也是当前电子政务工程建设的首要任务。反观各级政府机构的电子政务工程建设,远远没有真正吸取上述种种经验和教训,而是在更高的层面、更大的范围内犯着同样的错误。其中一个最典型的例证就是国内银行系统的 ATM 系统。前两年,各大国有商业银行发行的信用卡根本无法在其他银行的 ATM 柜员机上使用,其主要原因之一,就是这些银行的金融信息系统自成体系,接口不统一。这就造成了许多大型商场外面同时摆放着多台 ATM 机的尴尬局面,其间的弊病无须赘言。直到各大银行达成默契,并投入巨资统一了接口之后,这种情况才有所改观。

目前,从全局来看,电子政务工程的高层策划者和实际操作者并没有对上述种种问题予以高度重视,遂使同一问题在新的领域中滋生和蔓延。通过几年的前期建设,各级政府机构信息化管理水平大大提高。现在可以说,有多少委、办、局,就有多少个信息系统,每个信息系统都有自己的信息中心,而每个信息中心都拥有各自的数据库系统、独自开发的应用软件系统,彼此间完全独立。显然,它们彼此之间难以互联互通的,因而又成为新的一轮信息化建设(电子政务建设)中衍生出来的"信息孤岛"。因此,从前面提及的"整合"和"优化存量资源"的角度来看,看上去硕果累累的电子政务工程建设,其实隐忧重重,没有丝毫理由对此表示乐观。由于目前尚处于激活阶段,故问题还不算十分突出。如果这样一种态势不能及时得以遏制,当各系统和各地区的电子政务系统陆续建成之后,信息资源异构所必然产生的不同技术标准和规范之间的冲突就会全面体现出来。因此,类似 ATM 取款机的失误将会在更高的层面和更大的范围内重演,导致国家不得不再次投入巨资(总量将远远高于银行系统在 ATM 取款机接口方面的投入)来解决各个相关系统的相互连通问题。如果真是如此,那将又是我国信息化建设的一大损失。

笔者认为,造成这种状况的原因固然很多,但最主要的原因是政府主管部门的调控力度小,且先导性的基础工作明显滞后。例如,政府主管部门在制定总体规划和相关标准化体系方面的进展相对滞后,在各地业已全面展开的电子政务工程可依循的还只是一些框架意见,各项规范和标准尚在起草之中。这样,各地各单位都只能按照自己的理解和取向来进行电子政务建设。后者从局部上看,能够达到此项建设的最低目标——系统内业务流程电子化,但根本无法适应和满足电子政务工程建设的基本功能要求。例如,为了遏制房地产投资增长过快的势头,不少地方银行对个人住房贷款也推出了适度缩紧的措施,如个人的投资性购房(第二套或第三套住房)不再享受优惠利率或不提供贷款,但是由于各行之间无法充分对贷款信息实现共享,遂使这类措施的功效大打折扣。试想一下,如果这种功能都不能具备,金融业的电子信息工程还有何意义?

四、结论

电子政务几年来建设实践暴露出的一些问题,对高校资源共享体系建设是不无启迪的。它主要表现在如下几个方面:

①由于众所周知的原因,电子政务系统这一集成体系中的各类应用系统在构建方式、系统结构、数据资源等方面存在明显的差异,如果不能对其进行合理的规划、有效的优化和整合,整个系统恐怕连其基本功能要求都满足不了。这一点值得守记,作为一种涵盖范围很广的共建项目,这是首当其冲的问题。

②技术标准与规范在任何数字化建设过程中都应该先行。与其到兼容性问题出现的时候,再费时费力地统一标准,还不如现在就未雨绸缪,及早确定一套技术标准,把问题尽早解决。广义上讲,无论是电子政务工程建设,还是 CALIS 系统,或者中科院系统的信息资源共享工程建设的首要任务就是有关职能机构要加强宏观控制的力度,加快先导性工程——信息资源规划与统一的管理平台的建设步伐,尽快出台相关的规划、标准和规范,信息资源整合的原则和框架意见。这样,不仅使各级政府在组织实施这项工程时思路清晰,有章

可循，而且使所有环节都纳入一个有序化的进程之中。

③有关行业规范、标准必须由国家主管部门负责制定，而不能交由企业行会等民间组织负责，以使这套标准有最高的权威性和公正性。换句话说，虽然我们在电子政务的其他方面（如硬件平台、应用软件的选择上）可以搞市场经济，由各厂商自由开发，公平竞争，但是在技术标准的问题上必须搞计划经济，由国家统一负责。技术标准确立的越早，我国的电子政务建设或其他同类资源共享项目就越能尽早地走上快车道，我们也就越能够避免将来因标准混乱而导致的被动局面。

④在开展上述工作时，应从资源平衡的角度来考察和确认电子信息工程信息资源整合的平衡点，从而以合理的产业政策来引导国内外 IT 企业投入到这项工程中来，力求以最小的投入，获取最大的社会综合效益。

第三节　数字时代的图书馆馆藏资源建设策略

当前，我国已经步入知识经济时代，信息的社会化与社会的信息化程度得到了极大的提高。这样一种格局也改变了文献信息资源的内涵和需求形式，以传统的纸质文献为主导的信息传播模式受到数字化文献和资源媒体的严峻挑战。正是这种文献信息资源呈多元化发展且以呈几何级数激增的态势改变了人们获取信息资源的手段和方式。与此同时，由于近年来高等教育事业的迅猛发展，各高校图书馆人均文献购置量普遍下降，完全无法满足学科建设的基本需求。而缓解这一压力的重要途径就是利用加大数字文献资源的建设力度，利用网络环境下的文献信息资源共享体系来扩大各高校可资利用文献资源的容量。在这样一种前提下，我们不得不认真思考一个问题：数字时代图书馆资源建设策略应如何调整。

一、网络环境下文献资源建设基本要素的变化趋向

(1)文献资源建设核心理念的变化

众所周知,传统图书馆文献资源建设最重要的要素就是对文献的拥有,图书馆只能通过自有文献资源才能提供服务。进入数字时代以来,这一观念已经不再占据主导地位。数字化时代的文献资源不再仅仅局限于具有实体意义的馆藏文献资源,还应该包括通过网络可资利用的“虚拟馆藏”,或者称之为“电子资源”或“数字资源”。应该说,图书馆数字化建设发展到一定阶段,文献资源建设的核心理念就会发生深刻变化,最终接近“馆藏资源数字化,本地资源网络化,外域资源虚拟化”这一目标。

(2)获取文献信息资源方式的变化

传统图书馆获取信息资源的方式通常为购买、交换、接受捐赠、征缴等;数字文献信息资源的获取方式则大相径庭,它包括:购入(设置镜像站点)、网上包库及流量计费、免费访问等多种不同方式以获取数字信息资源的使用权。

(3)信息资源保障方式的变化

传统的文献信息资源保障方式主要特征为建设自成一体的、“大而全”抑或“小而全”的文献资源体系。在数字时代,人们利用网络环境建立图书馆联盟,通过组织合作与分工协调,建立以资源共享为主要特征的不同层次的文献信息资源保障体系。

(4)文献资源购置经费结构的变化

由于获取资源的方式多元化,资源购置经费结构也从一元化转向多元化,即从单纯购置费用转变为购买、包库年费、流量计费等相结合的形式。

二、数字时代文献资源建设理念的碰撞:拥有还是获取

近几年来,由于出版物的种类及数量急遽增长,同时价格也在不断上涨,各类图书馆因经费所限,仅仅依靠自有馆藏向读者提供服务

已经越来越困难。如果继续固守着这种资源建设与服务模式,势必难以为继。飞速发展的计算机技术、通信技术、多媒体技术与网络技术使信息传播突破了时空的界限,图书馆能够借助网络环境以及各种现代信息技术便捷地获取外域信息资源向读者提供各类服务。这就是通常所说的"虚拟图书馆"。后者的出现不可避免地改变了图书馆资源建设模式,"拥有"还是"获取"变成了一个两难抉择。这个问题始终困扰着转型期复合图书馆的决策者。

首先我们来看,"拥有"能够代替"获取"吗?显然不能。数字或网络时代的图书馆人对这个问题达成共识应该是非常容易的。而"获取"能够完全取代"拥有"吗?回答这个问题就不那么简单了,但最终人们会统一在"不能"这一答案之下,于是就有了所谓的"复合图书馆"。就后者而言,获取和拥有都是其文献信息资源建设不可缺少的方式和手段,两者相辅相成,缺一不可,共同构成图书馆赖以提供服务的资源基础。达成这种共识固然不难,但是依然面临着一个问题:在确定文献资源建设的策略时,如何把握"拥有"与"获取"的权重。笔者认为,这个问题不可能用一种尺度加以权衡,应该分门别类地进行讨论。不同类型图书馆由于资源条件与功能不同都会采取的不同方针。肖希明教授曾就这一问题提出意见。他认为:国家图书馆的基本策略是"拥有"与"获取"并重;公共图书馆采取"'拥有'为主、'获取'为辅"的基本方略。大学图书馆也是"拥有"与"存取"并举,只是各类型高校的情况不同又应该有所区别:教学科研型大学图书馆主要满足学生的文献保障需要,印刷型文献就占据主要地位故两者并举,有所侧重;而研究型大学所需文献学术价值高,因而购买成本高,由于经费所限,故研究型图书馆和专业图书馆则应以远程获取为主。不过,成本也是一个重要因素。

笔者认为,需要强调指出的是,在各类图书馆资源共享程度日益提高的背景条件下,所谓"复合图书馆"都会是某种形式的图书馆联盟的成员馆,成为一个共享网络中的一个节点。因此,不论哪个馆,都不可能以一种很封闭的思路去选择"拥有"还是"存取"的资源建设模式,而必须将“拥有”与“获取”的问题置于身处其中的资源共建共享环境中找到正确的定位,从而确定自身的馆藏数字资源的特色,以最小的投入,获取最大的使用效益。

三、数字时代文献资源建设规划的制定

毋庸置疑,各类图书馆的文献资源建设均会按照某种思路来制定一定时间段内的发展规划。在这一过程中需要遵循的几项原则,具体如下。

(1)定位准确

规划制定的首要因素是定位准确,即准确把握制订规划的基点:

①所在单位对文献信息需求的整体状况以及未来若干年的发展趋势;

②本馆信息资源基本状态;

③本馆若干年后在同类馆中拟处于一个什么位置。

准确把握以上三点才有望制订出切实可行的资源建设规划。

(2)以系统工程的基本思想出发来规划资源建设

制定文献资源建设规划要用系统工程的思想与方法来推进,即立足于图书馆整体发展的构想,注重两个层面的协调:其一是文献资源建设与馆内其他方面工作的协调发展;其二是从区域性资源共享体系建设的角度来审视本馆的资源建设,明确本馆在这一体系中的作用与地位,在资源共享、优势互补的前提下确定本馆的基本策略;与此同时,要注重基本操作思路的稳定性与连续性,尽可能进行周密、充分论证,以保证其科学与合理性。

(3)保持前瞻性与可操作性的平衡

文献资源建设规划的制订除了定位准确这一前提以外,而且要对影响文献资源建设的各种因素及发展趋势进行科学分析,使规划既不失其前瞻性,而且也具有当下的可操作性,保持两者之间的平衡是极为重要的。如果只注重其中某一方面的因素,就可能导致规划制定失败。

四、几点讨论

综上所述,在网络化、数字化环境下的文献资源建设的基本策略对于一个图书馆来说是一个非常重要的问题。如果以高校图书馆数字文献资源建设策略为例进行分析,笔者认为:就其资源环境而言,就应力求加强与 CALIS 地区中心、省中心等区域性网络文献资源中心的合作,在充分调研论证以满足学科建设各种层次需求的前提下,充分考虑与印刷型文献的协调与互补,确定引进中外文数字文献全文数据库的基本思路,从而达到基本保证本科教学所需中文文献的目标;其研究型文献资源,应力求结合校图书馆已有的纸质参考工具书所形成的参考文献资源的馆藏特色,有选择地购置参考类文献数据库;加强和完善多媒体教学参考资料、影像视频资源库和视频点播系统的建设,形成一整套有特色的、各种媒质文献资源互为补充的参考文献馆藏系统;其余部分通过 CALIS 省文献信息中心等各种资源共享系统予以解决。除此之外,还应考虑加大订购代表国外各相关学科领域前沿学术水准的原文期刊的投入力度,从而提高研究型文献的保障能力。

第四节　高校网络图书馆功能定位及其资源建设

近年来,由于高等教育事业的迅猛发展,在校生人数迅速增长,以致各高校图书馆人均文献购置量普遍下降,"文献资源保障服务"能力明显降低,已无法满足其教学、科研的基本需求。面对这样一种压力,如何建立有效的文献资源保障体系已成为一个受到普遍关注的问题。然而,在计算机以及网络技术如此发达的今天,文献信息资源的内涵和需求形式呈现了多元化趋势,数字文献与传统纸质文献互为补充,相得益彰。而各高校图书馆也开始相继进入数字化建设阶段,遂使所谓"文献资源保障服务"亦有了新的内涵。笔者认为,在这样一个历史阶段,"文献资源保障服务"这一理念可以理解为:

在网络环境下，读者不管在何时何地，都能在数字终端上获取所需要的文献。因此，人们就“如何建立有效的文献资源保障体系”的问题基本上达成了这样一种共识：加大数字文献资源的建设力度，利用网络环境下的文献信息资源共享体系来扩大各高校可资利用文献资源的容量，以建立有效的文献资源保障体系。有鉴于此，建立信息资源共享体系已成为高校图书馆建设的一个极为重要的任务。总体上讲，各省市高校图书馆在这方面都做了不同程度的努力。不少省(市)高等教育管理部门在建立高校图书馆区域性资源共享体系方面进行了一些很有价值的尝试和探索，其中主要模式就是由有关学校图书馆协作共建数字文献中心(即网络或电子图书馆)，并取得了积极的成果。应该说，这项工作将对国内区域性文献资源体系的建设起到积极的示范和推进作用。以下仅就若干省市高校图书馆协作共建的数字文献中心的运行模式，主要是功能定位及资源建设策略问题作一简要的讨论。

一、若干省市高校图书馆协作共建数字文献中心的运行模式

1. 北京高校图书馆数字文献中心——高校网络图书馆

北京高校网络图书馆是北京市教育局组织实施的北京地区高校文献信息资源共知、共建、共享体系建设项目。该项目充分利用北京地区高校图书馆丰富的馆藏资源，与“‘211 工程’高等教育文献保障系统”的建设相补充，形成对北京地区高校网上文献资源的重要补充和教学科研所需文献的联合保障。北京地区共有 30 余所高校参加了这个项目。现阶段该馆主要进行了以下两个方面的工作：

(1)数字资源建设

该项目主要通过集团采购方式购置了中国期刊网、万方数据、维普中文科技期刊数据库、方正电子图书、中国经济信息网、国研网、道琼斯财经资讯教育平台等，分别建立了镜像站点。由此可以看出，这里基本上囊括了常用的国内综合性期刊数据库。除此之外，根据成员馆高校学科建设的需要，又选择热门学科——经济学领域的数字

文献资源为建设重点。

(2)自建特色数字资源库项目建设

该馆自建特色数字资源库项目建设实施是分为两个阶段进行的。前期进行的是“实验型教学科研数字图书馆项目”,它在理工科和文科中选取了比较有代表性的学科分别建立12个资源库,其技术路线是采用“中国数字图书馆工程”实用系统平台,设计了适合高校教学科研需要的发布平台与检索界面,实现了跨学校、跨库检索,从而满足了共建、共享体系的功能要求。经专家鉴定,认为该实验项目取得了以下进展:①北京高校创立了网络环境下分布式、可扩展的高校教学科研数字图书馆建设框架;②探索了高校教学科研信息组织体系以及知识内容链接的多种实现形式;③实现了资源的深层次标引、分布式资源库的跨库链接,实现了对分布在不同地点、不同单位制作的不同资源库之间及网上电子图书的链接或查询。此后,该项目正在进入推广阶段,参加的成员馆扩展为6所高校。各馆已完成所选项目的前期制作工作,目前处在进行数据的联调发布阶段。

从上述模式中,我们不难看出:几年来,北京高校网络图书馆的建设和发展是合理和有序的,已经取得了阶段性的成果,其综合效益是比较高的。资源建设有两个主要特点:

①在投入资金额度不太大的前提下,其数字资源建设的结构是均衡和合理的;在充分保证资源共享的同时,既满足了教学科研的综合性需求,又突出了强势学科——经济类学科的重点需求。

②其自建特色数字资源库创立了网络环境下分布式、可扩展的高校教学科研数字图书馆建设框架,就共建、共享的信息资源体系的功能要求而言,其开发设计思路和前期实验成果都达到了较高的水准。

2. 上海教育网络图书馆

上海教育系统的数字文献中心——上海教育网络图书馆是由上海市教委组织实施的研究开发项目,上海市的所有高校馆都是其成员馆。该馆的建成和投入使用,使全市高校的文献信息资源实现真

正意义上的共享,从整体上提高了其投资效益、开发和利用水平。其项目建设主要包括以下几个方面:

(1)自主开发数字资源库,如学科资源导航库、全国高校期刊预定联合目录数据库、上海高校图书馆书目等数据库。

(2)联合上海各学校,购买了国内外著名数据库。这些数据库主要包括:①国内主要综合性中文期刊数据库——中国期刊网、万方数据、维普中文科技期刊数据库;②外文期刊数据库——BP、SPRINGER、EBOCO、ProQuest 博士论文全文数据库;③超星数字图书馆。

经过两年的运作,上海教育网络图书馆建立了 12 个镜像站点,服务于全市 126 所学校、8 万个人用户,其成效是非常显著的。总体上看,上海教育网络图书馆投入高,成员馆涵盖面广,综合功能强,数字资源条件优越,共享水平高,服务水准和质量都十分突出。从数字资源建设的角度来看,其基本思路也是首选中文综合性数据库,满足这一前提以后,适当选择了一些价格较低的原文期刊数据库。因为,只有这样才能利用有限的投入形成一个囊括百余所学校的信息资源共享体系。应该说,其资源共享的综合效益是最为突出的。

3. 广东省高校电子图书馆

广东省高校图书馆数字文献中心——广东省高校电子图书馆是广东省教育厅组织实施的教育文献保障体系实体建设项目。其成员馆有华南理工大学、华南师范大学等 9 所高校图书馆。该馆现阶段主要是进行数字文献资源建设。数字文献资源建设由两个部分组成:其一是引进的数字文献资源库。通过联合采购,以建镜像站点的方式向成员馆开放了 7 个数字文献资源库:中国期刊网、重庆维普中文期刊数据库、万方数据库资源、国研网信息资源系统、中国数字图书馆、书生之家数字图书馆、超星数字图书馆。其二是在网上共享的广东省高校文献信息中心开发建设的书目数据资源库。在此提及的广东高校文献信息服务中心是广东省高校图书馆的联采统编机构。成员馆有 30 几所高校的图书馆。该中心社会化服务核心项目是集中采购、集中编目和随书配数据。中心现为全国图书馆联合编目中心成员馆，取得国家图书馆上传数据资格。经过9年的运作，该书目数据资源库已初步形成了区域性的联合书目数据库。

总的来说，与北京、上海两地高校网络图书馆相比，广东省高校图书馆的资源共享体系的资源条件和功能方面都不具备特别的优势，但它文献资源建设的思路是非常清晰的。无论是数据库的选购，还是联合采购、集中编目等，其首要前提就是实现共享。这是开展这类项目的最重要的目的，也是衡量其成效的主要指标。

二、关于海南省高校文献信息中心建设的几点讨论

海南省高校文献信息中心（下称省中心）是海南省教育厅委托海南大学图书馆组织实施的全省高校文献资源保障体系共建共享项目，该中心2002年5月开始正式启动。由于资源条件所限，目前主要是开展两方面的服务工作：①在省教育厅和高校图工委领导下组织协调各馆的馆际互借服务；②进行数字资源建设。以下仅就数字资源建设问题讨论如下：

总的来说，该中心数字资源建设基本思路与上述几个省市同类项目有所不同。省中心每年费用不多，但资源建设方面主要投入未用于购置中文通用型综合数据库，而主要是订购外文期刊数据库，如美国化学文摘CA、BP、SPRINGER等。此外，由于费用较紧，省中心只能为省内高校用户提供SPINGER网上访问权限，CA、BP数据库都只限于海南大学校园网的用户访问。显然，无法实现资源共享将使中心数字资源建设的规模效益难以体现，而这是有悖于建设组织实施这类项目的基本宗旨的。因此，笔者认为：这个问题涉及这类项目的资源建设的宗旨问题，需要认真加以考虑。

单纯订购原文期刊数据库，从综合效益的角度来看，确有值得斟酌之处。从化学文摘CA来看，每年购置费用需20多万，由于年限短（只有2002—2003年数据），且其他高校用户不能在网上共享，故目前使用效率还较低。然而，出于化学文摘CA的馆藏价值的考虑，

以后仍将延续下去，也就是说，它将继续占有省中心相当份额的资金投入。毫无疑问，保留化学文摘 CA 这样的期刊数据库是很有馆藏价值的，如果我们有足够的资金投入，这几乎是不用讨论的。但问题是省中心的投入有限，此举是否发挥了最佳的投资效益呢？笔者认为：省中心在目前资金非常困难的前提下耗资 20 多万订购眼下不能产生规模效益的 CA，从而使省中心没有资金来开展共享体系的常规服务，显然是得不偿失的。在同样前提下，我们不妨换一种思路来组织实施省中心文献资源建设：①将主要资金用于联合各高校图书馆以集团购买方式购置 1—2 个共享的中文综合性期刊数据库；②原文数据库仅购置可供全省高校用户网上访问的 SPRINGER；③剩余资金作为面向国家图书馆、国家科技图书信息中心等为各校教师提供原文期刊全文的文献传递服务的补贴费用。国内知名大学图书馆通常都以经费补贴的方式开展这类文献传递服务。据了解，厦门大学参考咨询部 2003 年为校内外读者提供 5000 多例这样的服务，补贴费用达 10 几万元。由此不难看出，提供这类服务是非常必要的。如果省中心能用为数不多的资金（如 5 万元）开展这一服务，受益者将达 1000 多人次，获取文献的涵盖面也宽泛得多。显然远比每年耗资 20 几万购置利用率很低的 CA 更有实用价值。因为，从目前来说，CA 对海南大学以外的其他学校用户几乎没有意义，其他高校用户与其委托省中心做文献传递服务，还不如直接委托那些馆藏年限更长的服务机构。就这三项服务的综合效益而言，将是单纯购置 CA 等原文期刊数据库所不可比拟的。

三、结语

从以上讨论中不难看出，围绕着资源建设策略进行的若干案例的讨论对我们重新认识计算机网络环境下的“文献资源保障服务”这一理念十分重要。通过比较分析，结论如下：

（1）网络环境下图书馆提高文献保障服务能力的途径与传统图书馆的实现方式有着很大的差距。应该说，后者是依靠扩大馆藏量这一途径来实现的;而前者则主要依靠建立网络环境下的共享体系来实现这一目标的。衡量网络环境下的文献保障服务成效的标准并不在于馆藏本身能否满足需求,而在于能否通过资源共享体系的构架和渠道为读者方便、快捷地获取所需要的文献。也就是前面提及的现阶段文献资源保障服务能力的新理念——读者能否在任意数字终端上找到所需文献。

(2)立足于提供“文献资源保障服务”的各省市高校图书馆协作共建的数字文献中心的基本宗旨就是实现资源共享。这是开展这类项目的最重要的目的,也是衡量其成效的主要指标。从上述种种例证中,我们不难看出:北京、上海、广东等省市高校网络图书馆在数字资源建设的诸方面(如引进期刊数据库和电子图书,自建特色数据库的技术框架以及联合书目数据库的建设等)操作思路都是始终坚持资源共享这一基本准则的。在投入较少的前提下,其首选项目均为可共享的国内主要中文综合性数据库。而资金投入相对较多的上海教育网络图书馆,在购置可共享的主要中文综合性数据库后,尚有部分资金用于购置若干价格较低的几个综合性原文期刊数据库。所有这些的宗旨都是力求通过共享体系尽可能地使更多的成员馆读者受益。

(3)海南省高校文献信息中心的资源建设策略有所不同,即并未以实现共享为其基本前提。上述相关讨论中凸现了一个问题:衡量一个数字文献中心的“文献资源保障服务”运作成效的首要标志是:

①它利用网络环境为成员馆读者提供了什么服务,而不是仅依赖自身馆藏文献资源来提供同类服务。

②在投入有限的前提下,它是否以合理的运作方式最大限度地利用有限的投入,使其发挥最佳的综合投资效益,这是每一个发展中的数字文献中心都面临的一个重要问题。

有鉴于此,笔者认为,省中心的资源建设思路和策略值得深入探讨。而且,这种讨论不仅涉及一个资源建设策略问题,更重要的是它提出了如何界定网络环境下“文献资源保障服务”的实现方式问题。

第五节　地方特色数字资源库的开发与建设

世纪之交，随着计算机和网络通信技术的迅猛发展，国内图书馆（主要是高校图书馆和各省市的公共图书馆）在经历了自动化、网络化建设阶段以后，开始步入数字化建设阶段。在这一阶段，数字化建设的主要任务是开发具有自主知识产权的数字图书馆资源库和应用系统。就前者而言，开发建设“地方特色数字资源库”也是其中一个重要方面。目前，国内多家高校图书馆和各省市的公共图书馆都在从事这方面的工作。由海南省教育厅组织实施，海南大学图书馆负责开发建设的“海南旅游数字资源库建设”项目也是其中之一。毋庸置疑，在这类项目的操作过程中，必须严格遵循我国国家信息化建设的产业政策，力求“统一标准、联合建设、互联互通、交流共享”，选择国内这一领域里的流行和成熟技术，以保证项目建设过程中始终与业内的主流理念和核心技术的发展同步，最终使其成为具有21世纪国内先进水平的地方特色数字资源库。在“海南旅游数字资源库建设”项目的前期立项论证过程中，笔者对国内从事开发建设各类特色数据库的项目进展情况进行了分析和比较，对这类自建地方特色数字资源库项目的操作思路，即总体框架、建设流程、标准规范、应用系统选择等方面的问题形成了一个粗略的构想。现就相关问题作一简要分析和讨论。

一、地方特色数字资源库建设的基本流程

所谓“地方特色数字资源库”，就是一种将带有地域文化特色的，以文字、图像、声音为载体的信息进行数字化整合和加工，并通过互联网的发布和传输，成为全球共享的多媒体数字化信息资源。建成后的“地方特色数字资源库”无论从服务模式、服务手段、资源内容、知识产权保护等方面都应能体现知识经济时代数字化进程的种

种特征；同时，整个项目的操作思路应将此作为一个生产流程来设计和组织，使其既具有前瞻性，又要有非常切实的可操作性。只有这样，才能使该项目有望达到预期的成效。该类项目的建设作为一个规范的数字资源建设流程主要考虑以下几个方面：

(1)立项选题的基本原则

①具有地方特色；

②突出项目承担单位的优势资源特色；

③获取原始资源可控程度较高，潜在的版权纠纷可能性相对小一些；

④各种相关资源进行数字化整合的应用技术成熟度高；

⑤根据相关需求程度的分析，提出项目成果形式。

基于上述原则，提出市场分析报告或市场建议书报告。

(2)对象资源的调查与分析

对各种可能和潜在资源的处理提出不同的分析意见，在此基础上提出详尽的资源调查报告；与此同时，根据该报告提供的基本情况，结合国内目前数字化图书馆应用系统研发的总体态势提出可供操作的数字化实施方案。

(3)数字资源库的建库策划

通过用户需求分析，定位该数字资源库的服务模式、数据库功能；完成数据库策划和组织、数字资源建设流程的分析和定位。在完成调查报告基础上，提出资源库结构方案、相关子库方案。

(4)选择和确定技术标准与规范

根据上述条件和前提，提出详尽的技术需求，并就分类和主题、资源库关联体系、专业主题资源建设可参照体系、特殊需求等问题提出意见。经过充分的比较分析提出技术需求报告、系统分析报告、描述结构选择和说明、标准选择的技术分析报告。

(5)提出项目财务分析报告

综合选定的相关方案，提出具体、明确的项目运行资金总额及流量计划和来源。

(6)确定模拟实验系统

此阶段依据相关的研究报告,进行资源整合的策划工作;在充分体现信息内容的关联性和常态组织的条理性的前提下完成试验系统资源的整合实施方案以及关联体系策划方案(即通过横向关联体系可实现跨库无缝联结),同时完成特色数字资源库发布平台策划和设计。

(7)模拟运行

通过小规模的模拟建库、加工、发布过程来测试验证上述设计的合理性,验证资源库关联体系的合理性。根据运行情况调整各相关系统的策划方案、技术规范和标准,并提出规模化运作的实施计划。

(8)规模化加工和信息发布

按照规模化运作操作方案全面启动项目各个环节,严格遵照实施计划整个项目进展的进度、质量、资金流量进行总量控制;力争尽早阶段性地通过用户信息服务体系(资源发布系统)展示资源内容,并向用户提供其他相关服务。

二、自建数字资源库的技术平台:数字资源加工和发布系统

一般来说,一个大型的、支持分布环境下的资源共建共享的数字资源库通常包括三个部分:数字资源加工系统、数字资源管理体系、数字资源发布系统。实际操作中可根据具体项目总体框架的目标和功能要求进行设计。像海南旅游数字资源库这类一般数字资源库的技术平台至少应包括资源加工和资源发布两个子系统(将数字资源管理系统包含在其中)。其功能主要就是以统一的标准和规范对多媒体资源进行整合、加工、管理与发布,建立以有序化的数字资源为核心的知识网络,充分利用互联网这一工具和载体,对各种不同需求层次提供快捷、有效的个性化服务。

(1)数字资源加工系统

数字资源加工系统是自建特色数字资源建设应用系统的重要组成部分,其核心功能就是进行资源整合。这一过程分为两个阶段,前

期是内容获取和内容管理过程，即把各种无序的离散信息整合到结构统一的数字资源加工库中，对图像、声音、视频等多媒体进行压缩存储，实现图文声像关联处理以及加密处理；后期是对经初步整合的信息内容进行分析、发掘、发布和增值的过程，即把上述内容通过不同的关联整合到发布系统中，对外提供专栏、专题服务。主要功能要求如下：

①完善的版权保护技术，可以对各馆特色资源进行加密保护，以保证安全传播。

②采用统一的数字资源元数据标准，对包括文字、文件、图片、音频、视频等多种类型的数字资源进行大规模、多方式的采集、整理、加工、标引，系统应采用先进的数据交换 XML 技术，使用元数据（Metadata）的 XML Schema 格式。

③该系统支持各类专题数字资源库的长期建设，使离散的数字资源及其他形式资源能按照一定的标准与规范重新组织、随时更新，成为“周刊式”甚至“日报式”的连续数字服务体系，以充分体现该资源库的丰富性、广泛性、完整性、时效性。

（2）数字资源发布系统

数字资源发布系统包括资源发布和发布管理，应为配合前述资源加工系统所设计开发的基于 XML 数据的发布平台。其功能为：将经过资源加工系统所加工的数字资源通过网络进行发布，对外提供快速有效的服务。系统应实现内容发布自动化、人工干预，无须编程，动态实时发布；支持多媒体发布，即支持图像、音频、视频资源发布。

三、数字资源建设核心技术环节

（1）数字资源库的知识产权保护设计

从法律、运营、技术三个方面考虑和解决知识产权保护问题，这是一个涉及很多问题的系统工程，操作起来难度很大。中国数字图书馆有限责任公司、北大方正公司等正在开展版权保护体系的研发工作,而且都取得了实质性进展,预计近期会有可供选择的产品问世。目前,在这个环节的设计中,首先要实现对所加工的数字资源进行打包、加密、授权,至少在信息发布环节是可控的,然后再逐步解决其他相关问题。

(2)数字资源库的结构设计

进行数字资源库结构主体框架设计时应充分的比较、分析和论证,以确保其科学性和合理性。它应综合考虑选题的不同特点、服务的最终形式、资源内容的具体情况进行设计,以确保大量资源按不同分层结构的有序组织。从而既保证信息整合的有序化,又能为用户提供最为便捷、有效的服务。其核心问题是主线与辅线的选择与相互关联,如旅游专题数字资源库,其主线是景点库,辅线是人物库等;读者在浏览其中某库时能通过科学、合理的标引系统,实现对其他相关库的内容检索,即所谓"跨库无缝连接"。

(3)开发完善基于知识库的标引系统

当今世界的信息资源服务已发生重大变化,服务对象改变,范围扩大,可以远距离接受服务;用户数量急遽增长;对信息资源的自动分类、自动标引已成为重点。在这样一个总的态势下,从国内数字资源库的各种相关标准和规范建设的现状出发,相关系统在满足一般要求外还应具有以下功能:

①标引系统应以满足前述的构建面向用户的知识库群要求为前提,因而系统应注重使标引深度从以文献为单元向以知识为单元转化;

②初步具备自动分类、自动标引的基本功能。

四、结语

总的说来,目前从事这类项目的组织与开发还是一项开创性的工作,具体操作过程中不可避免地要面临各种困难。首先,可供选用技术平台——国内业界相关的主流软件系统,如中国数字图书馆公司、北大方正、清华同方、北京书生公司、北京金信桥公司、TRS 公司等虽然都各具特色，但均不够成熟，一旦选用都需经过相当一段时间的磨合、调整；其次，与自建数字资源库相关的国家标准的出台，包括通信、数字对象、置标语言、元数据、对象数据等技术规范、标准的进展情况都相对滞后，目前只能应用各种过渡性的标准和规范，因而增加了各个环节的操作难度；其三，项目参加人员综合素质要求高，要求相关人员既有采集原始文献、挖掘、组织知识内容的能力，又有运用计算机进行文字加工、编辑的能力，能围绕相关主题对各种类型的文献进行整合处理。上述种种将是自建数字资源库项目操作过程中面临的难题，但它们都不是不可逾越的障碍。只要项目操作者能认真分析和处理，适时引入业界的一些新技术和新规范，就可望达到或者基本达到预期的效果，从而为国内图书馆的数字资源建设找到一个新的增长点。

参考文献

1 王善平. 论数字信息资源的整合与标准化. 情报资料工作，2002(6)

2 李翔，初文镝. 信息化建设的核心问题——信息资源规划与业务流程重组. 计算机时代，2002(12)

3 田慧怡，李双. 关于信息资源规划的探讨. 现代管理科学，2003(3)

4 盛小平. 国内外数字图书馆发展比较研究. 中国图书馆学报，2001(6)

5 周倩. 基于网络的图书馆电子信息服务系统探讨. 情报理论与实践，2002(1)

6 郑爽. 电子信息资源对高校图书馆的影响. 情报资料工作，2002(3)

7 肖希明. 藏书发展模式的选择：拥有还是存取?. 图书馆论坛，2002(1)

8 肖希明. 我国信息资源建设研究述评. 高校图书馆工作，2004(4)

9 曹鸿清. 高校复合图书馆藏书建设研究. 情报资料工作，2004(2)

10 肖希明. 构建知识创新的信息保障体系. 图书馆论坛，2003(6)

11 张文娟. 网络环境下图书馆信息资源开发与对策. 情报科学，2001(5)

12 谢立民. 信息资源建设的五大瓶颈. http://www. fortunespace. net

13 王亚军，张和芬. 面向用户的图书馆网络信息资源组织与服务. 情报资料工作，2001(5)

14 乔文明. 网络环境下高校图书馆的信息资源建设. 图书馆论坛，2001(5)

第三章　合作与共享:大学图书馆联盟的构想与实现

第一节　CALIS:中国高等教育文献保障体系

中国高等教育文献保障体系(CALIS)是《"211"总体建设规划》两个公共服务体系之一,自1998年开始实施。其"九五"期间的目标是:在高校图书馆范围内,建立一个由全国中心、地区中心和高校图书馆三级组成的文献保障体系,逐步建立起全国高校文献资源自动化共享网络系统,促进高校图书馆文献信息资源的合理优化配置,深化资源的有效开发与利用。CALIS以中国教育网"CERNET"为依托,借助现代化的网络通信技术,建立一个整体化、自动化、网络化、数字化的现代文献信息保障体系,初步实现系统的公共检索、馆际互借、文献传递、协调采购、联机合作编目、电子资源导航6大功能,为高校教学与科研提供高水平、高效率的文献信息服务,营造出一个能与国际学术界交流的网络环境。"九五"期间,在教育部的统一领导下,CALIS采取"整体规划、合理布局、相对集中、联合保障"的建设方针,以此推进我国高等教育资源的合理化配置,实现信息资源共建、共知、共享,深化资源的有效开发和利用,提高高等学校教育和科研的文献保障水平,并与CERNET共同构筑我国高等教育公共服务体系,使之成为国家重要的信息基础设施之一。

一、CALIS"十五"期间的建设态势总体评价

经过"九五"期间5年的努力,CALIS建设已经奠定了相当的基础。跨入"十五"以后,CALIS的总体目标是:在完善"九五"期间中国高等教育文献保障体系建设的基础上,到2005年底,初步建成具

有国际先进水平的开放式中国高等教育数字化图书馆。它将以系统化、数字化资源为基础,以先进的数字图书馆技术为手段,以 CERNET 为依托,为高等院校教学、科研和重点学科建设提供高效率、全方位的文献信息保障和服务,成为经济和社会发展的重要基础设施。

“十五”期间,CALIS 以推广“共建、共知、共享”理念为导向,在规范高校图书馆的协作与服务、促进高校图书馆的整体发展、建成高校图书馆公共服务的基础设施方面取得了令人鼓舞的进展,不仅为高校图书馆的数字化建设奠定了坚实的基础,而且成为高校馆与其他信息服务机构的桥梁,从而在我国的公共信息服务平台建设方面发挥了非常重要的影响与作用。

通过几年的建设与发展,CALIS 在几个层面上已经取得了明显的成效。首先,它缩小“985”院校图书馆与国外一流大学图书馆的差距,缩小了“211”其他院校图书馆与国外中等水平高校的差距;从国内高等教育体系的运行态势来看,它不仅缩小普通高校图书馆与“211”院校图书馆的差距,而且还缩小了西部以及其他教育基础条件薄弱地区高校图书馆与其他地区高校图书馆的差距,使我国高等院校文献保障体系建设的总体水平得到很大的提升,成为“211”工程公共服务体系建设中的一个亮点。

二、CALIS“十一五”规划的总体方向

2006 年,随着“十五”规划的建设项目逐步完成,CALIS 管理中心面向未来,开始了“十一五”规划的思考。在一些相关的研讨会上,管理中心领导提出了“十一五”规划的初步思路。具体规划工作有待 2006 年“十五”期间实施的各项目验收后正式展开。有关“十一五”规划的基本思路大体上可以归结为以下几个方面。

(1)总体设想

“十一五”期间,构建达到世界先进水平的国家高等教育公共服务体系和信息基础设施,率先达到国际先进水平,用信息化推动教育现代化;同时,加强项目间的协作和资源整合,对国内辐射和服务,为

学习型社会提供平台。

(2)目标

①整合

这个目标的实现将包括五个方面:CALIS 自身服务的整合,与公共服务体系的整合,与各个高校数字图书馆的整合,与其他图书情报机构的整合,与商业化信息服务机构的整合,与数字档案馆与数字博物馆的整合。

②完善

积极应对形势的发展,完善与补充现有服务体系,在服务功能和理念上保持世界先进水平。

③提升

提升现有服务体系的性能,支持大用户数对大数据量的可靠快速访问。

三、CALIS 建设内容

CALIS 建设内容涵盖诸多方面,大体上可以分为六大板块:文献资源建设、公共服务平台建设、服务体系建设、可持续机制建设、西部建设、基础平台建设。

1. 文献资源建设

文献资源建设包括:二次文献建设、一次文献建设、引进库等方面的建设项目,具体如下:

(1)二次文献建设主要包括

①全面报导国内重要(比如“211 院校”)图书馆的文献收藏;

②国内其他重要图书馆的主要文献收藏报导(国家级联合目录);

③国外重要资源导航、免费资源导航(如 Open Access)。

(2)一次文献建设

①收集可收集的论文全文(类似国外 NDLTD);

②完善教学参考书全文体系;

③课件与音视频资料；

④对有前景的专题特色数据库进行重点和大力度支持，成为CALIS拥有或联合拥有的资源；

⑤CADAL的资源，并进一步收集无版权约束资源；

⑥“211院校”学报——Open Access平台（各校自己搭建）；

⑦E-Scholarship与Blog（博客）：学术交流，预发表文章；

⑧国外Open Access资源的国内存档；

⑨各校建立Open Access；

⑩Internet Archive：立足高校学术网站资源。

（3）引进数据库

①回溯数据与存档；

②引进数据库的评估和分析；

③教育资源；

④教育信息网站导航；

⑤国内著名大学重要信息导航。

2. 公共服务平台建设

（1）公共服务平台建设

包括：CALIS门户——中国的学术“Google”；在CALIS二次文献库群的基础上构建国内重要学术资源的综合检索平台；提供联合认证、大范围资源链接调度、综合计费、统一资源注册与命名、知识组织与语义网、信息可视化、个性化、数字对象安全获取等服务；整合各类资源与服务（包括商业化资源和服务）的大型文献平台。

（2）馆际互借与文献传递体系

在“十五”已经取得服务规模的基础上，进一步扩大这项服务的覆盖面，使核心服务馆达150家，服务覆盖70%的高校馆；同时，建立与NSTL、科学院、国家图书馆、上海图书馆以及北美、欧洲、日本、韩国和港澳地区的联网的服务系统。

（3）参考咨询服务体系

从数量指标来看，参考咨询服务体系核心服务馆要达到30家；

从资源角度讲,要形成与 NSTL、科学院、国家图书馆、上海图书馆及北美、欧洲、日本、韩国和港澳地区的联网的服务体系;用户群要从高校扩大到政府部门,例如为教育部、发改委、财政部等相关部委提供咨询服务,建设 Open Access 平台、eScholarship/Blog 平台等,建立 Open Access 平台这类为大学(如“211”院校)学报提供开放存取服务的平台,以及为其他开放资源提供存取平台。

3. 服务体系建设

继续加强服务体系建设,也就是加强已在运行之中的联机编目中心、全国中心、地区中心、省中心、CALIS 服务示范馆(承担 CALIS 单项或几项服务)的建设,完善其功能,提升其服务水准。

4. 可持续发展机制建设

所谓可持续发展机制建设就是建立一个稳定、规范的运行机制。这一机制涵盖多方面的因素:

(1) CALIS 的管理机制、非盈利机构的建立。

(2)标准与规范(要包括数字资源长期保存)。

(3)数字资源长期保存机制。

(4)应用研究体系。在“十五”基础上进一步完善 CALIS 的应用服务体系,提高包括研发部、技术中心(开放实验室)、数字图书馆基地(应用研究)等机构的研发能力,形成一个强大的自成一体的研发群体。

(5)加强与信息服务机构的合作,开拓新的服务领域与合作共享机制。

(6)评估中心。

根据 CALIS 发展的需要,建立一个功能相对完善的 CALIS 评估中心,该中心的主要功能包括:对资源与服务、需求预测、用户调查等方面的评估。

5. 西部高校图书馆建设

加大西部高校图书馆综合实力的建设,提升其总体服务功能与水准是 CALIS 的一项重要的战略性任务。“十一五”期间将加大力度推进这项建设工作，具体工作主要包括：资源建设、人才培养、软硬件设施、西部特色资源库建设；继续实行对西部高校图书馆进行费用补贴的政策。通过这一系列措施与手段的实施，将使西部高校图书馆建设跃上一个新的台阶。

6. 基础平台建设

CALIS 在"十一五"期间要开展的基础平台建设主要包括三个方面：

(1)基础设施与环境，它包括：

①CERNET 对 CALIS 的支撑环境；

②CDN(Content Delivery Network)；

③CERNET 节点与 CALIS 中心馆的双链路连接；

④CALIS 与公网的连接。

(2)技术与服务平台，主要包括：

①数据存储与备灾系统、海量数字资源存储与长期保存系统；

②服务器群、广域镜像服务技术；

③数字图书馆应用服务网格平台。

(3)体制与机制

①强化项目管理，建立规范和可持续发展的运行服务体系，打造百年基业；

②建立国家、学校、企业化运行的合作机制，确定完善的、普遍服务的非盈利机制和增值服务的商业机制。

四、CALIS 发展与图书馆的合作及信息资源共享的未来

总体上讲，经过 10 年的运行，CALIS 为国内高校教学与科研提供了一个高水准的服务平台。CALIS 的建设提高了我国高校图书馆的整体水平，为加快各馆数字化进程提供了难得的发展机遇，为高校图书馆迎来了实现跨越式发展的良好契机。应该说，CALIS 是中国高校图书馆数字化建设与发展的一个象征、一个标志，正是因为有了 CALIS，才使中国高校图书馆建设与服务的总体水平有了明显的

提高。

从上述种种讨论之中,人们不难看出,作为国内最大的图书馆联盟——CALIS未来一段时间的发展走向。为了更清楚地描述与阐释这一问题,我们不妨来看看《图书馆合作与信息资源共享武汉宣言》。从这一宣言中,我们可以清楚地看到国内高校图书馆资源共享体系建设的发展轨迹。

2005年7月8日,北京大学、清华大学、复旦大学、南京大学、上海交通大学、中国科技大学、浙江大学、南开大学、中山大学、武汉大学、首都师范大学等50多所大学图书馆的馆长云集武汉大学,参加"中国大学图书馆馆长论坛",探讨数字化时代大学图书馆合作与信息资源共享问题。"论坛"讨论并原则通过了《图书馆合作与信息资源共享武汉宣言》(见附录一),60多位馆长和馆长代表当场签署了这个宣言,同时委托一个工作小组对宣言做了若干修改。

此宣言包括五个部分:

①图书馆与信息的重要性

②数字时代图书馆合作更加必要

③信息资源共享的目标

④行动方向

⑤宣言的实施

其中,最值得人们关注的是信息资源共享的目标:使任何人在任何时候、任何地点,均可以获得任何图书馆的任何信息资源;实现这个目标将是一个漫长的过程;在现阶段,要致力于构建一个全方位、多层次的信息资源保障体系;将致力于建设具有国际先进水平的开放式中国高等教育数字图书馆。这就是CALIS将作出不懈努力的最终目标。

第二节 CASHL:国内高校人文社会科学领域数字文献资源保障体系

一、文献信息共享体系的历史沿革

图书馆馆际互借这项服务由来已久。19世纪中叶,普鲁士10所大学图书馆建立了馆际互借合作关系。1917年,美国图书馆学会制定了世界上第一个馆际互借规则。1938年,国际图联(IFLA)制定了国际互借规则,国际性馆际互借业务开始启动。20世纪70年代以来,国际图联进一步推动全球范围内的文献资源共享,制定并实施了"世界书目控制计划"(简称UBC计划)和"世界出版物的收集利用计划"(简称UAP计划)。20世纪60年代以后,联机检索系统在全球迅速发展,为以后基于Internet的网络化资源共享奠定了基础,使资源共享跨入新的阶段。

众所周知,文献传递服务的发展是馆际互借服务的延伸。早期的馆际互借为返还式,互借的文献必须返还给原图书馆。后来,随着计算机尤其是网络技术的飞速发展,馆际互借服务朝电子化和网络化方向发展,出现文献传递这项服务。网络环境下文献传递主要是指利用计算机、网络和通信技术向读者用户提供其所需的原始文献的一种服务方式。这种服务为非返还式,读者获得一次文献后完全归其所有。这种服务也源于国外图书馆界。目前,国外业界开展此项服务的主要有商业文献传递服务机构、图书馆、数据库出版服务机构和出版社等。商业性文献传递机构以美国CLRL公司的Uncover系统为代表。其业务包括制作Uncover数据库及提供文献传递服务,其数据库涵盖1700种以上的期刊,包括大约700万篇期刊论文,每天增加量高达5000篇。利用其Uncover2,结合文献传递服务功能,读者可线上订购期刊论文, 并可要求在24小时内以指定的方式传送到指定的地点。图书馆提供网络传递服务的有许多大型图书馆,其中,大英图书馆文献供应中心BLDSC是目前世界上最大的文献传递机构,它拥有十分丰富的馆藏(尤其是期刊),每年受理的文献传递申请超过380万件,其中有100多万件来自国外。在文献传递所采用的模式上,不同国家模式不同。英国侧重于集中型模式,大部分文献传递业务(80%)由大英图书馆文献供应中心提供;德国图书馆界则采取了分地区进行资源共享与文献传递的模式,德国有7个地区互借中心,各区的馆际互借服务基本上由所在区域各图书馆解决;而美国则尝试了一种资源共享与文献传递的新模式,即由多家图书馆共同组成并共同支撑的馆际联合共同体,这种共同体既有地区性的,也有全国性的。

二、国内文献传递服务迅速发展

目前,我国网络文献传递服务已取得长足进展,国家对其也日益重视。如在2000年6月12日,根据国务院领导的批示,科技部联合财政部、国家经贸委、农业部、卫生部和中国科学院等有关单位成立了我国最大的公益性文献传递机构——国家科技图书文献中心(英文全称为“National Science and Technology Library”,简称NSTL)。NSTL按照理工农医四大专业组建,每年订购外文期刊11 500多种,外文会议录2500多种,中文期刊、会议录、学位论文基本齐全,其用户覆盖了国内主要科研与高校系统。

中国高校人文社会科学文献中心(CASHL)是教育部根据高校人文社会科学的发展和文献资源建设的需要引进专项经费建立的,是教育部高校哲学社会科学繁荣计划的重要组成部分。其宗旨是组织若干所具有学科优势、文献资源优势和服务条件优势的高等学校图书馆,借助现代化的服务手段,有计划、有系统地引进国外人文社会科学期刊,为全国高校的人文社会科学教学和科研提供高水平的文献保障服务。CASHL是全国性的唯一的人文社会科学外文期刊保障体系,不仅可以为高校教学科研服务,也成为全国其他科研单位文献获取的基地。与科技部建设的国家科技图书文献中心,互为补充,珠联璧合,其影响和社会效益将非常明显。

该中心于2003年4月正式启动。全国中心设在北京大学和复旦大学,区域中心设在武汉大学、吉林大学、中山大学、南京大学以及四川大学,基本上覆盖了全国的各个大区。启动后各中心在统一的规划和协调下,有计划地负责部分学科或领域的重点文献收藏和服务工作。服务体系借助于中国高等教育文献保障系统的服务网络和技术手段,建设高校人文社科外文期刊目次数据库,全面揭示文献信息,进而向全国高校开展文献传递服务。整个系统建成后基本保证外文期刊文献的引进馆藏文献覆盖人文社会科学的各个领域,文献服务范围覆盖全国各个高校,满足全国高校及研究机构教学和科研的需要。

三、CASHL 提供了重要的人文社科文献资源保障

据有关研究统计,期刊作为重要的文献资源,它约占研究人员整个文献资源的65%左右。我国过去无论是在馆藏策略还是学术研究方面对这一最重要的文献资源都没有引起足够重视。CASHL 借助现代化服务手段,有计划、有选择、有系统地引进国外人文社会科学期刊,为全国高校人文社会科学教学和科学研究提供了高水平的文献保障,是我国高校人文社会科学领域最重要的数字文献资源体系。有关研究认为,CASHL 系统为读者提供的1100多种人文社会科学领域的期刊是进入 SSCI 和 HCI 的2800多种期刊中最为核心的部分,未来还将逐步引进次核心层中的8000余种人文社会科学期刊,使总数达到10000余种,因而成为我国人文社会科学最重要的文献资源保障体系。CASHL 将促进我国人文社会科学研究的国际化和成果记录、发表、传递的规范化和标准化,是推进文献信息资源有效共享的平台。

上述种种表明:CASHL 提供了最有价值的文献资源,而且服务手段先进、便捷,服务效果很好,受到广泛关注和好评。同时,我们也注意到,由于传统馆际互借方式成本太高,因而网络环境下的文献传递模式(即 CASHL 模式)就有了较大的发展空间:在网络环境下,只

要文献信息资源转化为数字形态，就可以很便捷地通过网络传递，发生费用比馆际互借低得多，遂使全方位的信息资源共享成为可能。

第三节　共建与共享：区域性高校图书馆资源共享体系建设范式

由于高等教育事业的迅猛发展，各高校图书馆人均文献购置量普遍下降，完全无法满足学科建设的基本需求。而缓解这一压力的重要途径就是利用加大数字文献资源的建设力度，利用网络环境下的文献信息资源共享体系来扩大各高校可资利用文献资源的容量。总体上讲，各省市高校图书馆在这方面都作了不同程度的努力。"211 工程"的高校已经通过 CALIS 环境下构筑的文献资源共享服务体系来缓解上述问题的巨大压力。但是，各种投入相对少得多的非"211 工程"的高校应该如何实现文献资源共享则是一个值得关注的问题。

有鉴于此，各地教育管理部门分别组织实施地方院校图书馆资源共享体系建设。在全国范围来看，不少省市高校图书馆都合作共建了网络图书馆（或称电子图书馆），如北京高校网络图书馆、上海教育网络图书馆、天津高校文献信息中心、广东高校电子图书馆、江苏高校文献保障体系、河南省高校文献信息保障体系等。它们的资源建设、服务体系以及管理理念都各具特色，值得认真关注，以全面认识国内高校多层级图书馆联盟的运作机制。以下以北京高校图书馆为范例，对区域性高校图书馆资源共享体系建设进行简要阐释与分析。

该项目属于北京市属高校图书馆合作共建项目，旨在构建北京地区高校文献资源共享服务体系，在市属高校图书馆实现文献资源共享，改变以往各校文献资源自我保障、分散发展的模式，走资源共建、共知、共享的整体发展道路，将有效地扩充信息资源的获取范围，提高信息处理效率，对图书馆传统信息服务方式的变革产生重大和深远的影响，对国内地区性文献资源网络的建设起到积极的示范和推进作用，并推动北京地区教育科研的发展。“北京高校网络图书馆”2001年12月20日正式开始运作，管理委员会由首都师范大学、北京工业大学、首都医科大学、北方工业大学、北京联合大学代表组成，由北京市教委高教处副处长徐宝力任主任，首都师范大学馆长胡越和北京工业大学图书馆馆长费仁元任副主任，管理中心设在首都师范大学图书馆。根据北京市教委的建议，参照其他兄弟省市的做法，参加北京高校网络图书馆的学校，要交纳一定数量的资源使用费。目前，缴纳费用标准为：在校生10000人以上的馆交30000元/年，在校生5000—10000人的馆交20000元/年，在校生5000人以下的馆交10000元/年。

从2001年以来，经过几年的建设，该馆充分发挥北京市属重点高校图书馆的优势，带动一批基础条件较弱的高校图书馆，使其在软硬件及网络基础设施、文献数据资源、队伍建设及信息服务等方面有较大的改善，使北京市属市管高校图书馆的整体水平有较大的提高，与“高等教育文献保障系统”(CALIS)的建设相互补充，形成对北京地区高校网上文献资源的重要补充和教学科研所需文献的联合保障，为北京地区高校的教学、科研提供信息支持和咨询服务。该馆管理委员会副主任，首都师范大学馆长胡越将该网络图书馆建设思路与建设成果概括为：搭建一个平台，提供一批资源，建设一个项目，开展一项服务，培养一支队伍。其建设任务、实施情况具体如下：

一、该馆的建设目标与任务

总体上看，该馆建设有一个显著特点：由于资源条件的不同，其总体目标定位与起点与CALIS系统的下属地区中心是有很大差别的。其目标定位：依托中国教育科研网(CERNET)，充分利用北京地区高校图书馆丰富的馆藏资源，在各图书馆专业特色馆藏建设的基础上，建立“北京地区高校文献资源共享服务体系”，使网上的资源与服务功能达到较高水平。建设具体如下：

①立足于满足中文文献保障服务为前提，进行数字文献资源建设；

②以教学为主导，进行数字资源的建设；

③通过多种层次的广泛合作，提升了网络环境下的信息服务；

④统一进行人员培训和队伍建设。

稍加分析，便不难看出上述目标立足于“充分发挥北京市属重点高校图书馆的优势，带动一批基础条件较弱的高校图书馆”。因此，其资源建设有两大特点：其一，电子文献的购置以满足基本需求为目的，主要对象是一些中文综合性数据库与少数专业数据库；其二，数字资源建设以满足教学需求为目的，而不是笼统地提出以满足学科建设（包括教学、科研）为目的。显然，这个定位的起点就比较低，立足于满足基本的文献保障需求。这一思路是值得教育薄弱地区高校图书馆启动同类项目时需要予以特别关注的问题。

二、该网络图书馆建设内容

稍加分析，我们不难看出该网络图书馆主要建设内容及其主要特点：

①有选择地联合引进一批中外文文献数据库，建立几种服务模式，如镜像站点等，直接面向高校读者，提供检索服务。

②有计划地联合建设一批具有学科和学校特色的文献数据库、学位论文数据库、指定教学参考书数据库、素质教育数据库等。

③根据各馆的需求开展馆际互借和文献传递。

④进行图书馆文献服务人员的继续教育培训。

具体内容可见该网络图书馆网站主页。

三、该馆的建设成果

（1）建立了北京高校网络图书馆门户网站

该网站集成了四个技术与服务应用系统：

①资源利用与检索系统

②用户咨询与服务系统

③馆员交流与培训系统

④底层系统管理系统

(2)实现了网络文献资源的共建和共享

经过几年的建设与发展,该网络图书馆得到了迅速的发展。其成员馆达到33个高校,共有近20万名读者。数字资源也达到相当的水平。成员馆至多仅用几万元投入,获得了CNKI、维普、万方、国研网、中国经济信息网、道琼斯财经资讯教育平台以及方正电子图书的访问权,极大地丰富了成员馆的电子资源;建设了几个应用服务系统,如虚拟参考咨询系统、统一检索系统、个性化服务系统,提高了他们的文献保障能力和信息服务能力,为学校的教学和科研提供了高质量的服务。

(3)合作建设了几个特色服务平台

与国研网合作开发了高等教育专栏和大学校长专递;创办了校长与馆长论坛;与新华社合作建设了教育信息专递和教育管理参考;合作建设网上学术报告厅等。这些应用服务平台的建设丰富了服务层次,提升了服务功能,为各省市高校网络图书馆的建设提供了可供借鉴的思路。

(4)立足于服务进行数字化建设

从该网络图书馆成员馆的资源条件来看,没有极具特色的馆藏资源,资金与技术团队的基础条件相对薄弱,无法按照数字图书馆一般的建设思路,如特色馆藏、特色数据库、特色数字图书馆这样发展思路进行建设。因而,无法在保存宣扬文化遗产方面实施一些有影响的开发项目,仅仅只能围绕教学、科研做一些基础性且实用性很强的数字资源整合项目。其总体思路是:以资源整合为重点,以学科为主体,以教学、科研为主线,充分发挥图书馆文献资源和网上资源的优势,将教学科研所需各种资源(如图书、资料、图片、音频视频等)转化为电子格式,以电子格式存储海量多媒体信息,并进行有效的组织管理,即按照数字资源和知识体系的逻辑关系,构筑呈立体网状分布,具有知识相互关联、辐射延伸功能,向用户提供智能化访问和服务的知识系统。按照这一思路,分别开发建设了北京高等院校教学科研数字资源网、教学参考资源网等。这些平台的开发与建设,为北京高校教学科研提供了很好的文献保障服务。

(5)联合虚拟参考咨询项目

为了提高网络图书馆的服务层次,为各高校师生提供个性化服务。该网络图书馆开发建设了联合网上虚拟参考咨询系统。这是一套可以为成员馆提供网络合作的、具有视频功能、可同步浏览的实时参考咨询服务系统。其基本结构是分布式的,即由网络图书馆各成员馆组成总咨询台,各成员馆为分咨询台的合作咨询服务模式,提供面向整个网络图书馆直至社会的虚拟参考咨询的服务。

四、结语

笔者认为,上述介绍表明北京网络图书馆的建设思路是很有特点的,其主要表现在定位适中,实用性强,充分凸现地方高校的资源特点来进行项目策划与操作,而且运行的结果达到了预期目标。几年来的运转情况表明:该项目的策划与运作都是较为成功的,业已形成的运行机制确实能够为各省市高校图书馆资源共享体系建设起到一种示范作用。

第四节　海南省高校图书馆资源共享体系建设总体思路

近年来,随着计算机、网络及多媒体技术的飞速发展,我国高校图书馆数字化建设取得了长足的发展。海南高校文献资源共享体系建设在资源匮乏的条件下也同步取得了令人瞩目进展,当然也存在各种需要探讨的问题。本章节拟依据中国高等教育文献保障体系建设的基本思路与模式,以前述对国内区域性信息资源共享体系运行机制进行比较研究的基础上,就海南省高校图书馆资源共享体系建设的构想及其实施过程中的相关问题展开探讨。海南省高校图书馆资源共享体系建设应该分为两个阶段:第一阶段(2001—2005)是全省高校图书馆数字化建设第一阶段,也是以本省自成体系的方式实现资源共享的建设阶段;第二阶段以省高校文献信息中心正式成为CALIS系统省级中心为标志,使这一体系建设成为CALIS环境下资源共享体系。为此,拟对前一阶段建设态势作出评价,以便更加科学、合理地推进下一阶段的资源共享体系的建设,与此同时,将对第二阶段建设模式提出构想。

一、全省高校图书馆资源共享体系建设(第一阶段)的基本框架

2002年,海南省教育厅下发了"海南省高校图书馆数字化建设规划"。该规划提出:2002—2005年是全省高校图书馆数字化建设的第一阶段。在这一阶段,数字化建设的具体目标是:在省教育厅的领导以及省高校图书情报工作委员会的组织下,通过各高校图书馆的协作共建,逐步形成结构科学、布局合理、能长期提供保障服务的资源共享系统。

依据"海南省高校图书馆数字化建设规划"确定的基本原则,经

广泛考察、对比分析后,确认全省高校图书馆在数字化建设第一阶段使省内高校读者拥有一个可资利用的文献资源共享体系以及符合数字化概念的服务平台。就文献资源共享体系而言,该体系应由四个层面构成:

①各高校图书馆各类文献资源;

②省高校文献信息中心及其文献传送服务系统、参考咨询服务的若干服务平台;

③省内高校图书馆馆际合作层面的几个共享平台:馆际互借系统;地方特色数字文献资源库;覆盖全省高校重点学科的海南学术网络信息导航数据库系统。

④正在启动的校图书馆的二级馆系统。

过去5年里,在省教育厅统一组织和领导下,海南省各高校图书馆从几个方面积极推进资源共享建设:

①组建了省高校文献信息中心;

②协作共建,整体推进,在馆际互借、地方特色数字资源库、重点学科导航等方面已经取得了很大的进展,形成一些特色和优势;

③启动了院系资料室的网络化建设。

以下根据近年来海南省高校图书馆界的资源共享体系的基本构想与实现问题进行探讨。

1. 省高校文献信息中心

迄今为止,省高校文献信息中心是海南省教育厅组织实施的投入最大的资源共享建设项目。该项目实施成功与否,对海南省高校文献资源共享体系建设将产生很大影响。因此,关于海南省高校资源共享体系建设的相关分析与研究由此进入和展开。文献中心在省厅高教处、省高校图工委的领导下,依据现有的资金条件,依托海南大学图书馆开展了以下几个方面的建设工作。具体如下:

①根据本省高校学科特点以及各馆均无能力购置外文期刊的实际状况,中心数字资源建设方面主要侧重于外文数据库订购。根据海南省高校学科建设特点,从2002年开始订购了化学文摘(CA)、生

物数据库(BP);参与CALIS华南中心集团采购,订购了可供全省高校用户共享的综合性外文期刊数据库SPRINGER,在为全省高校师生提供外文数字文献资源保障服务方面奠定了一定的基础。

②为了适应海南省社会、文化、经济发展需要,全面启动海南地方文献建设。

③负责组织实施全省高校馆际互借工作。

④开展了原文文献代检代查和文献传递服务。

总的来说,省高校文献中心的建设和发展态势是不尽如人意的。其主要原因就是投入资金的使用效益不明显。几年来,总投入已达100多万。但是,除海南大学图书馆以外,其他学校图书馆普遍感觉受益不多,没有体现出相应的投资效益。

在此之前,我们综合分析了北京、上海、广东等省市资源共享建设的基本思路和亮点。现以此为参照,对省高校文献中心建设提出若干意见。总体上讲,该中心数字资源建设的基本思路与上述几个省市同类项目有所不同,主要是没有以实现资源共享为其首要条件。

几年来,省中心每年费用不多,但主要投入都用于购置外文期刊数据库,如美国化学文摘(CA)、SPRINGER等。其中,省内高校用户只能在网上访问SPRINGER,CA数据库只限于海南大学校园网的用户访问。CA每年购置费用需20多万,由于年限短(仅有2002—2003年数据),且其他高校用户不能在网上共享,故目前使用效率还较低。

从上述种种例证中,我们不难看出:北京、上海、广东等省市高校网络图书馆在数字资源建设的诸方面(如引进期刊数据库和电子图书,自建特色数据库的技术框架以及联合书目数据库的建设等)操作思路都是始终坚持资源共享这一基本准则的。在投入较少的前提下,其首选项目均为可共享的国内主要中文综合性数据库。而资金投入相对较多的上海教育网络图书馆,在购置可共享的主要中文综合性数据库后,尚有部分资金用于购置若干价格较低的几个综合性原文期刊数据库,其目的也是尽可能地使更多的成员馆受益,而省中心的资源建设策略是值得认真探讨的。

2. 网络环境下的省内高校图书馆的“馆际互借”

在省教育厅领导下,全省高校图书馆统一安装了馆际互借服务软件,由此,实现了文献信息资源的联机检索、联机协作采访、联机借阅和馆际互借服务,随后又与 CALIS 编目中心实现了联机编目业务。同时在国内各省中率先实现了全省高校之间(100% 普通高校参与)的网络互查互借和“一卡通用”的借阅服务。全省高校师生利用文献不再分馆际,图书馆接待读者不再分校际,开始实现的省内高校文献信息资源共享。就这一模式而言,在全国图书馆界来说,还是具有领先地位的。但是,由于运行实践中存在不少问题,导致各馆馆际互借的借阅量普遍都不高。这个问题值得认真研究和探讨。如果没有规模效应,这项服务的功能无论如何领先,也没有多大实际价值。针对这些问题,有关人员经过广泛深入地考察、分析、研究以后,提出了完善服务体系的设想。此后,海南省高校图书情报工作委员会的《海南省高等学校图书馆馆际互借规则》进行了修订工作,修订后的《规则》主要从以下几个方面完善了馆际互借服务体系:

①强化了网络环境的运行监督机制,确保网络系统操作的畅通无阻。

②建立组织管理保障系统——成立省馆际互借领导小组、省馆际互借运行管理小组、各馆馆际互借运行管理小组,即从省教育厅高教处负责人、省文献中心、各馆及分管馆长、部门主任、系统管理员、馆际互借管理员构成职责明确的服务团队,始终保持通畅的运行及反馈渠道。

③加强专业人员的业务技能的培训,在省文献中心网站上设置了供各馆专业人员进行专项研讨的“馆际互借论坛”;同时,定期组织各馆服务团队就协同服务进行总结与交流,及时针对服务中出现的各种问题商订解决方案。

④建立切实可行的读者监督机制,各馆馆际互借运行管理小组增强从业人员的岗位职责意识与责任感。

⑤实行免费服务，即读者不再承担馆际互借服务的任何费用，该项服务费用由省文献中心承担。

上述措施得以贯彻落实以后，这项服务的总体态势得到了很大程度的改观。由于服务体系得到完善，其规模效益不断扩大，运行机制日趋稳定，近年来一直保持着良好发展势头。总体上讲，已经进入了可持续发展的轨道。

3. 地方特色数字文献资源建设

在图书馆数字化建设阶段，信息资源共享体系建设的一个重要任务是开发具有自主知识产权的数字资源库和应用系统。就前者而言，开发建设“地方特色数字资源库”也是其中一个重要方面。

近年来，海南省高校图书馆统一启动了海南省高校图书馆资源共享体系的重点项目——“海南地方特色数字资源库”的开发建设工作。该数字资源库由“海南旅游数字资源库”、“海南热带农业数字资源库”、“海南热带医学数字资源库”、“海南少数民族数字资源库”、“海南历史文献数字资源库”等 5 个子库构成。就该项目的操作基本思路而言，核心问题是如何选择统一的开发平台。

根据反复考察论证，各高校馆现统一购置了目前在国内业界技术领先的北大方正德赛（DESi）数据库创建及安全发布软件组群，以及相关的一些设施和软件系统。该项目以该系统为平台，以统一的标准和规范对多媒体资源进行整合、加工、管理与发布，以此为前提，实现以下功能：

①建立网络环境下分布式、可扩展的地方特色数字资源库的建设框架。

②实现文献资源的深层次标引。

③实现分布式资源库的跨库链接，使用户能够实现跨校、跨库检索。2004 年，各子课题组已利用该系统基本上完成了该项目第一阶段的研究工作，且已经基本达到预期效果。从 2005 年开始，该项目进入第二阶段的开发与建设。

从前述地方特色数字资源库建设实际进展情况来看，有几个问

题尚需解决。具体如下:

(1)数字资源库的知识产权保护设计

数字资源库的知识产权保护是一个涉及很多问题的系统工程,操作起来难度很大,应从法律、运营、技术三个方面考虑和解决。目前,在这个环节的设计中,首先要实现对所加工的数字资源进行打包、加密、授权,从而至少在信息发布环节是可控的,然后在逐步解决其他相关问题。

(2)数字资源库的结构与功能

对所选数字资源库应用软件系统进一步开发,应做到既保证信息整合的有序化,又能为用户提供最为便捷、有效的服务。

(3)开发完善的基于知识单元的标引系统

标引系统应以满足前述的构建面向用户的数字资源库群要求为前提,应特别注重使标引深度从以文献为单元向以知识为单元转化。

4.覆盖全省高校重点学科的"海南学术网络信息导航数据库系统"

基于本省高校教学科研发展的需要以及学科分布的实际状况,高校图书馆联合组织课题组来开发建设涵盖各校重点学科的"海南学术网络信息导航数据库系统"。该项目经过调查分析,设计制定了以国家及省重点学科为主,校级重点学科为辅的导航库学科建设范围和资源收集有关标准及原则范围,采用布尔逻辑法检索,收集网络资源,以大学科为纲、二级学科为目与资源类型分类并行的资源组织构架。该系统具有如下特点:

①信息资源丰富,覆盖全省高校30个省级(含省级以上)、校级重点学科,汇集10 000多条高质量的网络学术信息;其学科覆盖面包括全省高校省级(含省级以上)、校级重点学科,在国内同类学科导航系统中应为首创。

②操作简单,数据批量导入,录入、修改方式简单方便,其远程管理功能独具特点。

③检索功能齐全,提供主题浏览与关键词检索两种检索方式,满

足不同的检索要求,检索结果准确、响应迅速。

④分类体系结构合理。

⑤该系统的核心功能就是对各学科资源按要求提供快速的检索查询,使用者可以通过“SELECT”命令来实现各种检索功能。

与国内高校图书馆开发的同类系统相比,该系统是一个跨校的导航系统。其设计主旨中体现出的区域性信息资源组织系统共建、共享特性及其所特有的远程管理功能等方面具有明显的特色和优势。该项目的成功开发,填补了我省高校图书馆在学科导航建设方面的一个空白,使我省高校文献资源共享体系建设在网络资源导航方面也取得了可喜的进展。

5. 现有资源共享系统的延伸开发

这项建设是基于各高校图书馆以及省内高校图书馆馆际合作层面构成的现有资源共享系统,分别从两个不同的维度延伸开发。

(1)各高校图书馆二级馆(专业分馆)的网络化建设

毋庸置疑,各高校的院部资料室(二级馆或专业分馆)的藏书通常具有很高的专业学术价值。如果能使其实现资源共享,既有创新意义,也有很强的实用价值。然而,其书目数据库建设大都非常滞后,遂使这些分馆的专业藏书远远未能发挥其应有的使用价值。近年来,在基本实现省内高校图书馆馆际互借以后,部分高校馆启动了二级馆或专业分馆的网络化建设,也就是在网络环境下开展其书目数据库建设。应该说,这项目具有非常重要的意义,它与前述省际高校图书馆合作层面开展馆际互借和文献传送服务项目一样,从另一个新层面上拓宽了文献资源共建、共知、共享体系的建设空间。

二级馆或专业分馆的网络化建设应被视为各校图书馆网络化、数字化建设向下延伸部分,它的实施意味着在向下延伸的维度上拓宽了全省高校图书馆文献资源共建、共知、共享体系的建设空间,对现已联网的各高校馆的馆藏资源有着很强的互补作用。近年来,海南大学图书馆已在校内全面启动“二级馆”(各院系资料室)建设,分期分批建立各资料室的书目数据库,力争实现全校文献共建、共知、共享，拟在时机成熟时，亦进入全省高校图书馆的馆际互借系统。华南热带农业大学图书信息中心也在校内开展了建立文献资源三级保障体系（校图书馆、院系资料室、各学科学术带头人）的工作。

（2）通过省际馆际合作提供网上文献传递服务

由于省内高校馆藏文献有限，省内高校图书馆的馆际互借服务尚难以满足省内各高校读者的需求，通过与省外高校及科研机构图书馆的馆际合作，实现更大范围的资源共享。具体是根据国内若干著名重点大学图书馆开展相关服务的成功经验，各高校馆及省文献中心可作为（教育部文献资源保障体系）系统、NSTL（国家科技图书文献中心）网络服务系统的成员馆以及厦门大学、中山大学图书馆的协作单位向读者提供方便、快捷的网上文献传递服务和馆际互借服务，以满足各校师生教学、科研要求。

6. 提供网络化、数字化概念的服务平台

为了适应网络环境下的"文献信息资源保障服务"理念的深刻变化，各高校图书馆服务模式与资源建设策略都在发生变化。他们在加强文献资源共享体系的上述四个不同层面建设的同时，对现有服务体系进行全面整合，旨在为读者提供网络化、数字化概念的服务平台：

①实现了文献的采访、编目、流通与阅览全程网络化管理；

②配备和完善各种利用网上资源的设施和条件，使读者能快捷、便利地查阅和检索国内外各类文献资料；

③充分利用前述资源共享体系四个层面所提供的种种资源条件，面向校内外读者开展检索、查新、定题服务等多项咨询工作。

为了提供网络化、数字化概念的服务平台，使各高校图书馆服务功能的整体水平提升到一个新的层面，在未来若干年中，我省各高校图书馆的主流服务模式是：基于前述的资源共享系统为主导的网络化、数字化概念的服务平台，以数字化、社会化、特色化的服务为主旨，向各类读者提供知识、情报、信息的生成、获取、传递和共享等全方位的知识性服务；通过与社会服务对象的互动，形成社会服务与资源建设同步发展的平台，进而找到海南省高校图书馆在知识经济社会得以可持续发展的生存空间。只有获得这种可持续发展的可能性，才能使我们历经几个发展阶段以后，逐步具备讨论以下问题——“如何达到本省高校范围内的读者无论何时，在任何数字终端上都能获得所需文献这一目标”的前提和条件。

7. 对比分析与总体评估

上面以北京、上海、广东三地高校图书馆资源共享建设为例，切入海南省高校图书馆资源共享建设体系相关问题的探讨，总的来说，北京、上海、广东三地高校图书馆资源共享建设各具特色，有很多值得我省高校图书馆学习和借鉴之处。与它们相比，海南省高校图书馆资源共享体系建设还有明显的差距。在海南省高校图书馆资源共享建设体系中，除了馆际互借、地方特色文献数字资源库、海南省学术网络信息导航数据库、二级馆以外，还有加入 CALIS 编目系统开展联机编目等项目也是立足于资源共享这一基本构想展开的，共享程度都达到了很高的水准，投入产出效果比较显著一些。而省高校文献中心投入最大，但投资效益却迟迟体现不出来，其主要原因在于数字资源建设策略值得斟酌。经过认真总结经验与教训，在省教育厅的大力支持下，全省高校文献资源共享体系建设以申办 CALIS 省级中心为契机，顺利转入第二阶段。

二、资源共享体系建设第二阶段：以省文献中心为节点实现 CALIS 环境下的资源共享

1. 基本构架

2005 年 5 月，CALIS 管理中心批准海南大学实施中国高等教育文献保障体系——中国高等教育数字化图书馆建设项目子项目，即组建 CALIS 海南省文献信息服务中心。按照海南省教育厅要求，海南大学在原省高校文献信息中心基础上组建了 CALIS 海南省文献信息服务中心（下称省中心）。总体上看，CALIS 省级中心的组建，为提升海南省高校图书馆资源共享建设总体水平提供了一个难得的

发展机遇。为此,笔者依据 CALIS 总体框架、省级中心建设模式以及其所提供的各种资源条件,结合本省现有的基础条件与需求趋向,提出了 CALIS 海南省文献信息服务中心建设模式。

众所周知,一个共享系统的核心就是共享程度的问题。因此,省中心的建设与服务宗旨就是如何最大限度地利用 CALIS 丰富资源及技术平台提升我省高校图书馆资源共享体系的建设水准。省中心建设遵循"统一平台、统一标准、合作建设、联合服务、全国共享"的原则,严格按照 CALIS 中心的技术标准与规范实施建设,建设方式和技术路线主要依据前述 CALIS 中心关于省中心建设目标及主要任务,结合海南省高校具体情况进行策划和设计。主要建设内容与技术路线如下:

(1) 省中心门户网站

使用 CALIS 中心提供的数字图书馆门户构建平台软件,建立海南省信息服务中心统一门户。其主要功能为:充分利用自身的资源与服务面向本省高校用户服务;在自身资源未能满足用户需求时,能够简便快捷地将用户引导到其他各级门户和相关资源中去。

(2)联合目录

如前所述,我省高校图书馆统一采用 ILAS 系统,按照统一规范建立了分布式书目数据库,实现了联机借阅。因而在我省文献信息服务中心可以暂不考虑建立其他形式的联合目录数据库。

(3)组织联合采购及进行相关培训等工作

协调和配合全国性和地区性联合采购(如引进数据库)的工作,组织本省范围内的联合采购及其相关的培训和宣传工作。主要包括两个层面的工作:

①参加 CALIS 管理中心及华南地区中心的外文期刊数据库(如 BP、EBSCO 以及其他专业期刊数据库等)的集团采购及相关工作。

②调整原省高校文献信息中心资源建设以外文期刊数据库为主的基本思路,根据本省高校文献资源建设的总体布局需要,将文献资源建设的中心转移到适于普通本科高校及高职高专教学、科研需要

的中文期刊数据库的集团采购上来。在省中心建立重庆维普或万方中文期刊数据库镜像站点,对外开展服务。

(4)馆际互借与文献传递

其服务主要包括两个方面:

①省内高校图书馆之间的馆际互借

如前所述,我省高校图书馆已开展读者"通过网络申请借还,实物由图书馆传递"或一卡通用、现场借还等形式的馆际互借服务。经过几年的运行,已比较成熟。省内高校之间馆际互借服务将继续利用原有的 ILAS 环境下的馆际互借系统实现这方面的功能。

②利用 CALIS 提供的馆际互借与文献传递软件系统以及文献资源提供以下服务:

• 利用 CALIS、CASHL 系统以及省中心文献资源为本省高校用户提供非返还式的中外文文献传递服务。

• 鉴于本省高校图书馆馆藏文献与内地重点高校相距甚远,省内高校馆际互借服务仍难以满足高层次读者的需要,省中心将着手与华南地区高校(如中山大学图书馆、广西大学图书馆等)建立合作关系,开展省际间高校馆馆际互借合作。

(5)高品质的咨询服务

利用 CALIS 系统资源及应用软件系统,为高校用户提供代检代查、咨询、科技查新以及定题跟踪等高品质的服务。开展该类服务除了咨询服务等常规手段与方式外,还将加入 CALIS 虚拟参考咨询系统,作为这个有多馆参加的、具有实际服务能力、可持续发展的分布式联合虚拟参考咨询服务体系的成员馆,部署虚拟参考咨询系统平台,通过联合值台和租借台位的方式开展本省的联合咨询服务。

(6)建立适用的数字资源库存储与服务体系,提供数字资源长期保存服务,或建立镜像站点提供服务

①建立外文期刊数据库(如美国《化学文摘》)以及中文综合性期刊数据库镜像站点,对外开展服务。

②全面推进海南地方文献数字资源库的 5 个子项目的建设工

作,重点解决三个方面问题:数字资源库的知识产权保护设计;优化数字资源库的结构与功能;开发完善基于知识单元的标引系统。

③结合海南地方学者服务平台的建设着手建立数字化海南学者文库,进一步拓展地方特色文献数字化建设。

(7)优化信息服务机构共享环境

优化与本省非高校体系文献信息服务机构的共享环境,整合相关信息资源与服务,提高文献保障整体服务效能。

(8)与地方文化系统合作由于海南省非高校体系文献信息服务机构主体——公共图书馆系统基础薄弱,省图书馆尚在建设之中,故可共享的文献信息资源很少。基于上述原则,拟以共建、共享方式拓宽与地方文化系统合作,从而实现双赢。目前,文化部推行的全国文化信息资源共享工程无法全面展开,因此,省中心可望在这一项目中发挥重要作用。其基本思路为:与全国文化信息资源共享工程省中心(省图书馆)建立战略合作关系,前期拟将已经取得阶段性成果的海南历史文献数据库、海南旅游资源库、海南少数民族数据库纳入我省文化信息资源共享工程,然后,双方合作,利用地方文化管理部门的政府职能及丰富的地域资源共建文化艺术其他领域专业数据库,最终实现共享。

以上是本课题研究提出的海南省高校文献信息资源共享体系建设第二阶段的建设构想,即以 CALIS 海南省信息服务中心为主导的建设构想。这一构想的宗旨就是依托 CALIS 的技术支持与资源保障,整合、提升本省高校现有的资源共享系统资源建设及服务的水准;通过与社会服务对象的互动平台,形成社会服务与资源建设同步发展的平台,从而获取可持续发展的生存空间。

三、地方学者服务平台建设模式

1. 问题的提出

2005 年 7 月 8 日,由 50 余所高等院校图书馆馆长组成的“中国大学图书馆馆长论坛”共同签署了《图书馆合作与信息资源共享武汉宣言》(下称《宣言》)。《宣言》指出:“在现阶段,我们应该致力于构建一个全方位、多层次的信息资源保障体系……要建立不同类型的图书馆联盟。不仅要建立系统内的图书馆联盟,而且要促进同一地区跨系统图书馆联盟的建立。”这里所指的图书馆联盟“不同于协会,不是一个行业性组织,也有异于学会,并不以学术研究为目的。它是指为了实现资源共享、利益互惠的目的,而组织起来的、受共同认可的协议和合同制约的图书馆联合体”。

毋庸置疑,《宣言》的上述理念明确了高校图书馆未来的发展走向与轨迹。与此同时,海南省作为经济欠发达地区,其公共图书馆以及其他信息服务机构开展服务的基础条件十分薄弱。地方社会经济文化发展迫切需要有效整合高校图书馆与地方公共图书馆、信息研究机构的各类文献资源,建立多层级文献资源共享体系。

2005 年以来,在 CALIS 管理中心与海南省教育厅的领导与支持下,海南省高校文献信息中心(下称省文献中心)承担了中国高等教育文献资源保障体系(CALIS)建设项目的子项目——CALIS 海南省信息服务中心的建设任务。该项目已完成预期建设任务,顺利通过项目验收。与此同时,省文献中心“十一五”期间的目标与任务的问题也提上议事日程。根据 CALIS 的总体目标与我省高校图书馆建设与发展的基本态势,省文献中心的基本目标与任务应该定位为:完善、整合、提升现有的技术与服务平台的功能与水准。就“整合、提升”而言,遵循《武汉宣言》以及《规划》的原则精神——致力于建立各种不同类型的图书馆同盟是其中的极为重要的内容。有鉴于此,在省教育厅领导的支持下,省文献中心提出了依托该中心,联合各高校图书馆,建设海南学者服务的初步设想。以下从技术层面探讨其基本构架与功能。

如前所述,CALIS 海南省中心运行以后,为了提高服务层次,实现个性化服务,我们在现有技术与服务平台基础上启动了面向全省学者与科技工作者的公共信息服务平台——“海南学者服务网”的建设。其宗旨就是在 CALIS 系统基础上,建设面向地方学者提供个

性化服务的数字图书馆。该项目开发建设思路具体如下:

(1)总体目标

该服务网是一个集地方学者文献信息保障服务、参考咨询、学术论坛、在线交流、学者文献数据库于一体的一站式地方文献信息服务平台,以期与社会服务对象形成高效、便捷的互动平台,最终形成为提供个性化服务的数字图书馆。

(2)服务网构成以及服务模式

其基本构成包括资源配置及技术支持层、学者信息服务层、学者展示层三个部分:

①资源配置及技术支持层

由 CALIS 省中心利用 CALIS 系统资源及应用技术系统形成学者服务网的资源配置及技术支持平台,负责完成平台的全面规划、管理、统筹、协调以及网络维护、技术支持等。

②学者信息服务层

该平台主要负责服务平台的动态维护、与学者的互动、特色数据库建设、地方学者文库建设、学科导航数据库建设等。具体如下:

• CALIS 省中心承担全省高等学校的文献传递、代检代查、业务培训、业务指导、信息资源建设协调、地方特色资源数据库建设等任务。

• 各馆咨询部门共同参与,根据不同学科建设需求,负责参考咨询(含在线交流、虚拟参考咨询等)、学科前沿跟踪以及学科导航数据库建设与维护等工作。

• 服务模式由过去的单向、静态、低层次、被动的信息提供为特征的服务转变为双向、动态、高端咨询、主动“推”式为特征的集约型知识服务,即通过学者服务网公共用户界面,逐步建立能体现地方特点的智能化、个性化信息服务系统。

• 展开信息服务与资源建设之间的沟通与互动,实现实时(Just – In – Time)信息服务。

• 实现信息服务与资源建设互动的多元化,前台采用网上提交、学者论坛、E-mail、电话、传真等,后台实时反馈、跟踪、定制个人信息的"一揽子"和"一站式"服务。

③学术展示层

学术展示层主要由学者学术简介和地方学者文库两部分组成。一方面,学术展示层提供了一个让地方学者全面展示自身学术成就、学术历程以及参与地方文献建设的平台;另一方面,通过"共建共享、服务共赢"的实践探索,地方学者由资源建设的被动方变成资源建设的主角,构建了一个庞大的人才与信息资源网络。

四、结语

本章节提出了一个 CALIS 海南省信息服务中心建设的粗略构想。这一构想的主旨就是依托 CALIS 的技术支持与资源保障,整合、提升本省高校现有的资源共享系统资源建设及服务水准;通过与海南学者服务网同步建设与服务,以期构建建设与服务同步发展的平台,从而获取可持续发展的生存空间。

参考文献

1 马费成,裴雷.我国信息资源共享实践及理论研究进展.情报学报,2005(3)

2 黄长著,霍国庆.我国信息资源共享的战略分析.中国图书馆学报,2002(3)

4 周淑云,陈能华.论高校图书馆信息资源共享机制.高校图书馆,2003(1)

5 徐家燕,闫治安.文献信息资源共建共享问题探讨.情报杂志,2003(12)

6 黄晓英等.海南学术信息导航库资源建设实践与探讨.图书馆论坛,2003(5)

7 于剑华.建立高校图书馆网络化信息服务与资源共享环境.情报科学,2000(12)

8 杨文祥.数字时代信息资源共享的历史任务与措施.郑州大学学报(哲社版),2003(1)

9 张东敏.从网络信息资源共享看数字化图书馆建设.情报杂志,2005(9)

11 李朵.CASHL 可持续发展运行机制探讨.图书与情报,2005(6)

12 陈传夫,肖希明.凝炼共识 昭示理念 推进合作共享——我们理解的《图书馆合作与信息资源共享武汉宣言》.大学图书馆学报,2006(2)

13　许磊.我国信息资源共建共享研究现状分析.情报科学,2005(12)
14　程焕文,张靖.公理的呼吁 正义的呐喊——《图书馆合作与信息资源共享武汉宣言》的启示.大学图书馆学报,2006(2)
15　中国大学图书馆馆长论坛.图书馆合作与信息资源共享武汉宣言.大学图书馆学报,2005(6)
16　肖希明.推进我国信息资源共享政策体系建设.情报资料工作,2005(6)

第四章　共享空间:多层级文献信息保障公共服务平台建设模式

第一节　国家科技文献信息保障公共服务平台运行机制

一、NSTL——国家级文献资源共享体系建设范例

1998年,为了适应当代信息技术和网络技术的发展,最有效地增加科技文献信息资源,并整合国内主要科技信息机构丰富的科技文献信息资源,为用户提供更为丰富的文献信息保障服务,科技部、财政部等部委进行科技文献资源共建共享体系建设的试点。两年后,科技部、国家经贸委、农业部、卫生部、中国科学院成立了国家科技图书文献中心(National Science and Technology Library,以下简称NSTL)。NSTL作为国内综合实力最强的自然科学文献资源共享体系,其运行机制引起业界的关注,有关其运行模式的讨论成为一个热门问题。

NSTL是由中国科学院文献情报中心、国家工程技术图书馆、中国农业科学院文献信息中心、中国医学科学院医学信息研究所组成的基于网络环境的虚拟科技信息机构。在专业上覆盖了基础科学、工程技术、农业科技、医药卫生等四大领域,其主要服务就是面向全国企事业单位开展无中介文献传递服务。文献传递系统采用集中式的管理模式,通过网络向读者提供科技文献资源检索和全文提供服务,为国内的科技创新提供文献信息保障。其具体运作由几家联办单位人员组成一个“中心”负责。

二、NSTL 的任务与发展目标

作为国家级科技文献信息保障服务平台,NSTL 宗旨是“集中体现国家利益,根据国家发展需要,收藏和开发理、工、农、医各学科领域的科技文献信息资源,面向全国进行文献信息服务,为促进政府科学决策、科学技术研究、人才培养、高新技术产业发展提供服务”;其发展目标是“建设成为国内权威的科学技术文献资源收藏和服务中心、现代信息技术在科技文献应用中的示范区、与世界各国科技图书馆交流的窗口以及与国内其他图书馆文献系统联合的枢纽、全国科技文献资源体系的龙头、信息资源管理研究基地”。

三、运行机制

总体上看,NSTL 汇集了上述 7 家单位的资源,组成了一个相对较完备的科技文献信息资源体系(占中央级资源的 80%),向全国用户提供无中介文献传递服务。其具体运行机制为:通过统一界面形式提供各馆馆藏的各类文献;注册用户可以在检索的基础上直接定购全文,非常简单易行。由于 NSTL 系统内部共用一套馆际互借系统,成员馆不需自行维护,减少因资源的重复建设造成的浪费。

几年来,NSTL 按照“统一采购、规范加工、联合上网、资源共享”的原则,依托信息技术和网络环境,在推进科技文献信息资源的共建共享方面取得了显著成效。其运行具体模式如下:

(1)中心负责文献资源建设规划、计划制定和文献采购的统筹协调,避免重复;采集计划经中心核定以后,由各成员馆按其专业分工实施收藏与采购。

(2)中心分别成立了“文献资源建设专家委员会”和“计算机网络建设专家委员会”,对中心的文献资源采集、计算机网络系统的建设、软件的开发等主要业务工作的重大问题进行评议咨询,作为中心决策的基础。

(3)中心负责制订统一的数据加工的标准、规范、格式,各成员馆据此加工、转换数据，由中心建设的网络服务系统建立数据库面向全市提供服务，原文提供服务由各成员馆负责完成。

四、近年来 NSTL 运行的总体态势

1. 资源体系基本构成

(1)集多文种科技期刊、图书、会议资料、科技报告、学位论文、专利、标准和计量规程等类型的文献数据库于一网。

(2)集目次浏览、文摘检索、全文传递服务、网络版期刊和图书阅读下载、网上信息资源导航等服务于一体。

2. 服务模式

NSTL 系统面向全国因特网用户提供相关服务。其服务模式为：注册用户通过中心门户网站直接向中心提出文献传递请求，系统根据文献馆藏地址将请求发送至收藏馆，再由收藏馆直接将全文发送给用户。网上即可以多种方式进行全文请求，成员馆在 2 个工作日内，按用户要求处理完毕；全文提供收取适量成本，对西部地区提供费用减半优惠服务。这种方便快捷的网络服务的新模式，受到用户的欢迎，服务成效不断提高，大大提高了文献的利用率。

3. 文献检索与全文提供服务功能不断完善

该系统现已建立多个镜像站点，主要服务功能包括：

①文摘检索与全文提供

②目次页浏览

③个性化定制服务

④其他服务

中心除了定购文本科技文献外，还提供网络版电子期刊，其中，有中心定购的供网上所有用户使用的电子期刊，任何用户都可以访问；但大部分外商都不愿意这样做，而是采用 IP 地址控制的办法提供服务，这一部分资源是与有关专业的科研院所、大学的有关专业院系合作，采取中心补贴的办法；还有一种是在网上调查到的免费电子期刊，用户可根据各自的情况来使用网络版电子期刊。除此之外，中

心还开发了十几种热点门户,提供网上的在线实时咨询、非实时咨询和代查代借服务等。

4. 进一步优化服务系统结构,改进系统的服务功能

NSTL 系统运行多年以来,取得了令人瞩目的进展与成就,但是,也面临不少问题需要解决。为了使该中心的运行与服务跨上一个新的层面,中心提出了一系列构想。2007 年元月,清华同方在海南三亚召开年会,会议专门邀请中心资深专家陈道泉介绍 NSTL 系统未来发展的几点构想:

(1)提升 NSTL 网络服务系统

因为历史条件的限定,NSTL 网络服务系统发展模式也留下了很多亟待改进的问题,后者主要表现为各个模块之间缺乏有机的联系。为了提升网络服务系统的能力,适应进一步发展的需要,中心提出了 NSTL 网络服务系统的建设方案。它的主要内容如下。

①建设数据仓库和分析部分。旨在完成自行加工数据的集成、清理和质量检查;各种数据的自动收割和发布,扫描数据的存储管理;用户信息管理;使用统计信息以及在此基础上提供情报研究所需的数据分析。特别要提出的是,数据的发布是针对中心站点和所有镜像站而言,同时发布数据,用于解决数据库同步更新的问题。

②信息服务部分。主要宗旨是各个模块之间有机地联系起来,而不是各自为政,提供集成检索查询、全文传递、参考咨询功能,构建统一认证体系,实现个性化内容定制和界面定制,实现电子商务等。

③第三方资源集成揭示部分。旨在实现成员单位之外第三方资源的有效揭示和集成,包括 NSTL 资源和服务的封装和接口规范,使 NSTL 资源和服务成为开放资源;其次,通过标准接口规范,构建资源服务注册、跨库检索、服务调度系统建设,集成第三方资源和服务。

(2)建立网络环境下的联合数据加工系统

多年以来,中心的数据加工是由成员单位按照统一的要求来做的,但许多方面还不规范,数据的不一致性给服务带来许多方面的问题。为此,中心计划利用中心的千兆网建立联合数据加工系统。它

的目标是实现集成化、网络化和流程化的数据加工过程；以元数据标准规范定义的数据格式；支持多文种加工环境；全过程的质量控制流程和标准化的管理统计功能。

(3)科技信息资源与服务集成揭示系统建设

近年来，人们越来越清楚地形成一种共识：信息集成是共建共享的重要措施。由国家科技图书文献中心牵头，由中国科技信息研究所、国家图书馆、中国高等学校文献保障系统(CALIS)和中科院文献情报中心合作，借助 Web Service 的技术架构来开发科技信息资源与服务集成揭示系统。

(4)不断推出新的业务合作模式

为了便于全国广大的用户使用中心的科技信息资源，中心除了开发国家科技图书文献中心服务系统外，还建立了 8 个镜像站。为了进一步拓展服务思路，尽可能地方便用户使用中心的服务系统，研发人员专门开发了服务站系统软件，并已在湖北省科技信息研究院开通了第一个国家科技图书文献中心的服务站。该服务站可使当地用户成为中心的注册用户，为用户提供各种相关培训。服务站只需配备一台普通的 PC 服务器，装上前述服务站的软件即可，显然，比建立镜像站的门槛要低得多。今后，还要将服务站的软件与当地的系统融合和为一体化，实行统一认证。我们期望，国家科技图书文献中心服务站将会得到很快的发展。

五、结论

5 年来，正是基于创新精神，NSTL 以其科学合理的运行模式取得了令人瞩目的成就，在国家级资源共享体系建设项目中起到一种范例作用。其丰富的文献资源，卓有成效的运行机制，财政部、科技部长期大量的经费支持三大要素使其成为国内发展最快的综合性文献信息服务中心，为国内公益性信息服务领域开创了新的服务模式，亦成为国内各类公共信息服务平台建设的典范。其主要特点如下：

(1)NSTL 运行机制与网络图书馆

如前所述,NSTL 系统构架是一个虚拟图书馆,其主要功能是组织实施各成员单位文献信息资源的共建共享工作。这种虚拟机构及其运行机制是网络环境下的产物,具备数字信息资源共建共享体系——网络图书馆的基本属性与特征。

(2)非实体的联席会议制的管理体制

NSTL 系统的决策机构是理事会。理事会由各领域的科学家,文献情报界资深专家和理、工、农、医各相关领域成员馆负责人及科技部、财政部业务部门的负责人组成,实质上是一种联席会议决定制式的领导与决策机制。该系统所有重大决策均由会议议决,科技部代表 6 部委对中心进行政策指导和监督管理,中心主任及办公室负责实施理事会所有决定事项。这种管理体制弱化了各行政部职能门之间那种惯有的隶属色彩,有效地整合了隶属于不同系统的文献信息信息资源,开创了不同系统与机构之间的合作与协调机制。这样一种跨系统、跨部门建立资源共建共享体系采用的管理模式已经或正在成为网络环境下科技文献信息资源共建共享的成功典范。不少省(市)政府有关部门先后引进了这一管理理念与模式,推进各地的科技创新体系中的科技文献信息资源保障服务平台的建设。

(3)强大、稳定的资金支持

NSTL 成立后,财政部、科技部长期投入大量专项经费予以支持,以确保该系统正常运行。专项资金用于该系统统筹计划的文献资源的采购、数据库建设、网络建设与服务等。其经费的使用与服务效能挂钩,成员单位服务规模效益越显著,获得支持的力度就越大。

第二节　海口市科技创新公共信息服务平台建设模式探讨

一、背景情况

美国著名学者贝克在《资源共享的未来》一书中提出:今天的图书馆正生存在一个相互依赖的时代。进一步讲,每一个图书馆都必须将自己视为全国图书馆体系的一部分，必须摆脱自给自足的状态，必须发现迅捷而经济地从世界图书馆体系中获取资料并传送给用户的方式，必须随时准备将自己的馆藏资料提供给世界各地的其他图书馆。贝克的这一论点正在被国内外同仁们广泛接受。运行近10年之久、各项建设日趋完善的中国大学图书馆联盟正是在这一观念的影响下开始其共享体系建设的。

随着国内高等学校文献资源共享体系建设水平与功能逐步提升，整合各种不同体系的文献资源，建设区域性科技文献信息公共服务平台开始提上议事日程。应该说，建设区域性科技文献信息公共服务平台是推动各地科技基础条件建设的重要组成部分。经济发达地区中的上海、江苏等省市已经先行进行建设。当前，随着创新主导经济增长的新阶段的到来，社会对科技的需求日趋旺盛，海口市科技与经济的发展面临更广阔的空间。科教兴国战略和可持续发展战略的实施为海口市科技发展提供了良好的宏观环境，树立科学发展观，推动经济、社会可持续发展，建设和谐社会，已成为党和政府工作的重要目标。海口市作为一座沿海新兴开放城市，市委、市政府高度重视全市自主创新体系建设，市科技信息局提出了建立自主创新体系的战略规划。目前，全市正在从优化创新环境，构建创新链条，完善运行机制，健全服务网络四个方面着手，采取切实有效的措施，大力推进区域性科技创新体系建设，为全市经济社会发展提供强大动力。

随着区域性科技创新体系建设不断向纵深推进，对建立知识创新基础平台和信息文献保障系统（包括科技创新数据中心、文献信息资源库、自然科技资源库等）提出了更加紧迫的需求。文献信息保障系统已经成为构建创新链条、健全服务网络的核心内容。海口市自主创新体系文献信息保障系统建设就是在这一背景下提出的。海口是一座后起的开放城市，科技基础条件相对薄弱，尤其需要整合区域科技创新资源，构建统一的创新平台。该保障体系的推进即可以达到这样的目的。毫无疑问，构建自主创新体系需要良好的基础设施和创新环境。目前，海口市信息资源，尤其是为企业服务的有效信息资源还十分缺乏,服务网络尚不健全,资源利用水平低下,教育资源与社会资源得不到有效的整合统筹,在一定程度上对构建自主创新体系形成了阻碍。由于海口市的人口总量和经济总量都较小,在资源建设上切忌毫无规划的重复建设。近年来,以海南省高校文献信息中心为枢纽,我省高校图书馆系统已经投入3000多万元,建立了较大规模的电子文献资源和配套设施,尤其是形成了一支(全省约200人以上的专业技术人才)文献信息和知识服务队伍。因此,建立高校与社会的文献信息共享系统,加强文献服务平台建设,充分利用已经形成的信息资源和专业人才队伍,对于节省整个社会的成本投入,提高整体的经济效益和社会效益,具有十分重要的意义。

二、该体系建设的总体框架

如前所述,“海口市自主创新体系文献信息保障系统”建设的宗旨是在地方政府支持下构建自主创新综合性公共信息服务平台。其总体操作思路就是力求省内高教系统现有各种文献信息资源得以整合,创建基于数字化与网络化技术的新型信息加工与服务系统,迅速提高海南省高校系统现有文献资源的利用率,面向全市企事业单位变被动服务为主动服务,为海口市自主创新体系的形成奠定良好的基础环境。

该服务平台主要以由海南省高校文献信息服务中心暨海南大学图书馆为主体,联合省内其他高校共同建设,成果共享。海南省高校文献信息服务中心暨海南大学图书馆是全省信息聚集能力和信息辐射能力最强大的文献信息中心和服务机构,它除了收藏大量地方特色的文献资源之外,同时还是中国高等教育文献保障系统(CALIS)和国家科技文献信息保障系统(NSTL)在海南省的重要分支机构。通过整合当地的文献信息资源,同时利用全国高等教育系统和科研开发系统已经形成的两大文献保障体系构建区域性信息文献保障和服务平台,为海口以及全省的科技创新服务。该中心将利用已经建立的人才队伍和已经建立的协作网络，运用各种智能化技术（主动推送技术、信息挖掘技术、智能代理的检索技术、专家系统等），建立能针对海口特点提供智能化、个性化信息服务与个性化定制服务系统。

海南省高校文献信息服务中心暨海南大学图书馆以及全市高校图书馆具有面向本校及省内高校提供文献信息保障服务的强大功能，如果将原本面向高校师生的文献保障服务体系延伸和扩展到面向整个海口市科研开发和知识创新活动提供文献信息保障，将使海口市的自主创新活动获得更高的起点。

三、建设该服务平台的市场需求及社会效益分析

毋庸置疑，企业是实现区域性科技创新的主要群体。近年来，我市高新科技企业取得了长足的发展。截至2005年底，全市经认定的各类高新技术企业已达109家，高新技术企业项目46项，实现产值158亿元，拥有规模以上工业高新技术企业44家，实现产值132.63亿元，比2001年增长36.77亿元，比上年增长13.9%，占规模以上工业总产值的比重为54%，对工业经济增长的贡献率为58.1%；高新技术产业开发区建设取得较大进展，截至2005年底，入园企业已达287家，实现工业总产值35.42亿元、工业增加值10.42亿元，成为我市经济结构调整的重要动力和经济发展的重要增长点。如何支持这些企业，使其在激烈的市场竞争中立于不败之地，应该是“构建创新链条，健全服务网络”的核心内容之一。

就上述全市科技创新体系的现状来看，我市技术创新体系的基础设施还相对薄弱，不仅缺乏一个强大的科技信息研究与交流机构，也没有一个相对完整的文献信息保障体系，能够独立建设文献信息中心的企业更是寥寥无几。绝大多数企业考虑更多的是在市场竞争中如何生存下来，尚无暇顾及技术信息与情报对企业未来发展的价值与意义。总体上看，这些企业目前还缺乏信息情报的意识与完整思路。而且，绝大多数企业都没有能力投入大量资金去建立一个有

效的保障和支持体系。但是,信息情报的获取,也就是技术和市场信息的采集与分析,对于企业的发展至关重要。因此,建立海口市自主创新体系文献信息保障系统这样一个公共信息服务平台,充分发挥社会分工优势,凸现专业服务作用,才会使成长中的企业在激烈市场竞争中得到有力的支持。

四、国内发达地区文献资源条件平台的基本情况

有关研究表明:国内各省市为了推进地方科技创新体制建设,对基础性服务平台建设投入了大量的资源。例如,上海市为了进一步实施科教兴市战略,2004 年制定了《上海市实施科教兴市战略行动纲要》(简称《纲要》),提出建立科技人才、知识产权、信息服务、创业投资、研究开发、公共服务等六大平台。根据《纲要》的要求,2005 年上海市科委又制定了《上海市科技创新行动纲要》,提出建立科技基础条件、联合开放实验室、专业技术服务、技术转移、科技创业孵化平台等五个第二层次的平台,并落实了具体的工作任务。上海市科技基础条件平台建设的主要内容是“一网两库”,除科技文献资源库外,还有大型仪器设备设施协作共用网和科学数据库。“一网两库”建设由政府组织引导,中介机构提供服务,市场化运作,吸引社会各方面参加,利用网络技术盘活存量,并与新建增量相结合。在具体操作上按照“增量新建,存量盘活”的原则进行,科技文献资源平台主要由上海图书馆牵头负责建设。这些年的发展历程中,上海市已经探索出全市公共、高校、中科院三大系列图书馆网络资源共建共享,面向全市所有企事业单位提供信息服务的成熟运行机制,为上海的社会、经济的发展发挥了极为重要的作用。江苏省计划在“十一五”期间建设 25 个科技基础平台(中心),计划先建立 4 个基础条件平台,即工程文献信息中心、“三药”创制中心、大协作共用平台和农业种植资源中心。江苏省科技文献中心由江苏省科技情报研究所牵头负责,江苏省高校图书馆和公共图书馆共同参加建设,建设工作近期已经正式启动。

相比之下，海口市在科技创新体系建设和文献信息资源建设方面的起步晚，起点低。目前，除了全省高校图书馆有较好基础外，省级公共图书馆还刚刚起步，市（县）级公共图书馆的运作十分困难，电子文献信息资源尤其贫乏，专业性的科技图书馆和企业图书馆更是谈不上。在这种情况下，充分发挥高校图书馆的核心作用，建设覆盖全社会，尤其是广大科技型企业的文献信息保障体系对海口市乃至全省的社会经济文化发展将具有十分重大的意义。有鉴于此，建设海口市自主创新体系文献信息保障系统不仅十分必要，而且十分紧迫。

五、该系统构架及主要建设内容

随着计算机网络技术、通信技术以及数据存储技术的发展，尤其网格技术的进一步发展，为区域性的文献信息资源保障体系的建设和信息服务注入了强有力的推动力。基于资源整合的信息集成服务、个性化服务已成为信息服务和信息化管理的一个重要发展方向。其宗旨就是如何提供一个方便用户进行信息检索的渠道和途径，核心理念就是提供一个信息资源提供者与信息需求者的沟通和互动以及科技工作者自我展示的平台。目前，这样一种高品质的文献信息服务平台在国内业界还处于探索阶段。虽然各地高校图书馆联盟开始有了一些雏形，但总体上还处于一个低端的、单向性的、被动的服务模式。因此，本课题研究如果能够获得立项资助，并能达到预期目标，在国内区域性的文献信息资源保障体系的建设方面无疑是具有前瞻性的。

1.该系统服务能力指标

该系统建设主要目标是经过两年左右的时间，使海口市数字图书馆技术、资源和网络进一步完善，建成覆盖全市各行各业、各个社区和广大企业的科技信息和文献保障系统，让全市20多家研发中心，100多家高新技术企业和1000多名技术骨干获得强有力的文献信息保障服务，使以省高校文献中心暨海南大学图书馆为核心的全省高校图书馆系统发展成为海口市自主创新体系的重要基础设施和信息服务平台。

该系统投入使用后,服务规模达到如下指标(以年为单位计算):

(1)文献传递及馆际互借系统共计完成文献传递量不低于3000份;

(2)开展代检代查、咨询服务共计服务总量不低于1000项;

(3)开展科技查新、定题跟踪等项服务,共计服务总量不低于500项;

(4)虚拟参考咨询系统平均年服务量1000人次以上;

(5)培训本市从事文献信息服务的专业人员200人以上,培训用户达500人以上。

如果该系统能够立项、实施,并达到预期目标,将从文献信息保障方面为“构建创新链条,健全服务网络”迈出至关重要的一步,对提升海口市科技创新体系的总体水平具有重要意义。

2. 海口市自主创新体系文献信息保障系统建设(HIIS)总体构架

基本平台主要由资源配置及技术支持层、科技人员信息服务层、科研成果展示层三个部分组成:

(1)资源配置及技术支持层

利用CALIS、NSTL系统资源及应用技术系统形成该服务系统的资源配置及技术支持平台。

(2)文献信息服务层

该平台主要完成互动服务功能:文献保障服务(代检代查、文献传递、馆际互借、远程服务等)、科技查新、定题服务、科研实时咨询、科技创新论坛、科技工作者博客、虚拟参考咨询、特色数据库建设、学科导航数据库建设等。

(3)科技成果展示层

该平台主要由科技人员简介和本市科技成果库两部分组成,提供了一个让本市科技工作者全面展示自身科研成就、发展历程以及参与地方经济建设的各种信息的机会；同时，通过“共建共享、服务共赢”的运行模式，构建一个庞大的人才与科技信息资源网络。

该系统总体构架就是通过上述几个层面功能的实现，建立系统与科技工作者之间的互动机制，使其运行与服务模式由传统的单向被动、静态、低层次为特征的粗放型信息服务转变为以双向、动态、高端咨询、主动“推进”式为特征的集约型知识服务，即通过简洁、友好的公共用户界面，利用各种智能化技术，建立能为地方科技创新体系提供智能化、个性化的信息服务系统。

3. 技术方案

根据服务平台功能的基本构架，拟选用相关应用软件系统构建技术与服务平台。具体方案如下：

（1）利用 CALIS 门户网站系统构建科技工作者服务网网站，再将统一认证等各种应用软件系统集成为一体，实现无缝链接，对外开展服务。

（2）利用 CALIS 统一检索及文献传递系统、ILAS 馆际互借系统、广州汉能公司的远程访问系统及光盘管理系统等构成文献保障服务子系统。

（3）利用 CALIS 的虚拟参考咨询系统等专家系统、CALIS 省中心自行开发的科技工作者实时咨询、科技工作者论坛系统以及海口天涯在线有限公司博客系统构成互动服务子系统。

（4）利用 Apabi 系统完成海口科技工作者文库、海口地方科技信息数据库，海口地方文献数据库等重要文献信息资源的建设，利用自行开发建设的地方学术资源导航系统实现获取文献信息资源的导引服务。

（5）整合 CALIS 海南省中心、海南大学图书馆、华南热带农业大学图书馆、海南师范大学图书馆、海南医学院图书馆的数字文献资源，构成适应地方科技创新需求的科技创新数据中心、文献资源库、自然科技资源库等。

上述主要技术平台,如门户网站、统一检索、文献传递、虚拟参考咨询系统都是 CALIS 系统近年来开发出来的数字图书馆子系统。CALIS 系统应用软件系统开发能力与水准在国内业界被公认是第一流的,其应用软件系统一直享有很高的声誉。其他系统,如 ILAS 馆际互借系统、北大方正公司 Apabi 系统、中国数字图书馆有限公司广州汉能公司的远程访问系统及光盘管理系统、海口天涯在线有限公司博客系统都是问世多年、运行相当稳定的应用平台。将这些系统集成到海口市自主创新体系文献信息保障系统,足以保证该系统在技术上的先进性以及运行的稳定性。

六、该系统运行后的经济、社会效益

本项目通过为全市数百个重点高新技术企业中的研发机构和数万名科技开发人员提供最方便快捷的文献信息保障服务,推进海口市自主创新体系的尽快形成,可望创造出巨大的社会效益和经济效益。具体概算如下:

以服务全市 100 个高新技术企业和大中型企业、5000 个高新技术开发人员为目标,可创造如下直接经济效益:

①每家企业可节省文献信息资源购置费 10 万元,全市共可节省文献信息资源购置费 1000 万元;

②每家企业可节省 3 位专职信息技术人员,全市企业每年可节省开支(按每人开支 3.5 万元计)10.5 万元。全市共节省开支 1050 万元。

③每位科技人员可节省购买文献信息服务的现金支出 300 元,全市科技人员可节省开支 150 万元。

④预测每位科技人员因为获得良好的文献信息资源增值服务而增加的科技开发成果平均价值 1 万元,可获得经济效益 5000 万元。

以上 4 项共计,通过本项目的实施每年可以为海口市创造直接经济效益 7150 万元。

第三节　海南教育科技数字图书馆的基本架构

一、问题的提出

当前,我国正步入由创新主导经济增长的新阶段,社会对科技的需求日趋旺盛,海南科技与经济的发展面临更广阔的空间。科教兴国战略和可持续发展战略的实施为海南省科技发展提供了良好的宏观环境,树立科学发展观,推动经济、社会可持续发展,建设和谐社会,已成为地方政府工作的重要目标。20世纪90年代以来,海南省委、省政府一直非常重视大力推进海南省信息化建设。1997年,海南省委、省政府提出了把海南建成“信息智能岛”的宏伟构想;2001年省委、省政府发布了《关于加快推进信息智能岛建设的意见》;2005年4月召开全省信息化工作会议,副省长刘琦在工作报告中特别强调了加快数字图书馆建设的重要性。海南省政府在省国民经济和社会发展的“十一五”规划中,提出了建设海南省特色化区域创新体系的战略设想,《海南省“十一五”科技发展规划纲要》也围绕“提高自主创新能力,建设创新型海南”这条主线,提出了加快构建研发、科技成果转化、科技服务、科学普及及科技合作与交流五大科技自主创新平台,把科技文献共享网络建设作为科技基础条件建设的主要内容列入海南省科技发展“十一五”规划的重点任务之中。

基于上述思路,省委、省政府高度重视全省科技自主创新体系建设。省政府主管部门提出了建立自主创新体系的战略规划。目前,全省正在从优化创新环境,构建创新链条,完善运行机制,健全服务网络四个方面着手,采取切实有效的措施,大力推进区域性科技创新体系建设,为全省经济社会发展提供强大动力。随着区域性科技创新体系建设不断向纵深推进,对建立知识创新基础平台和信息文献保障系统(包括科技创新数据中心、文献信息资源库、自然科技资源库等)提出了更加紧迫的需求。文献信息保障系统已经成为构建创新链条,健全服务网络的核心内容。

本章节所涉及的建设海南教育科技图书馆就是在这一背景下提出的。由于历史原因,海南省经济、教育、科技基础条件相对薄弱。虽然,我省高校图书馆与省科技信息研究所等单位在面向社会提供各种层次信息服务方面也做了不少工作,取得了良好的经济效益与社会效益,为建立科技自主创新基础平台——科技文献信息保障体系奠定了一定的基础,但总体上看,与其他省市相比,我省科技创新体系基础平台建设起步晚、起点低,省内教育、科技、文化系统信息服务机构开展服务的基础条件十分薄弱。其主要问题在于:海南省信息资源、尤其是为企业服务的有效信息资源还十分缺乏,服务网络尚不健全,资源利用水平低下,教育资源与社会资源得不到有效的整合统筹,在一定程度上对构建自主创新体系形成了阻碍,这不仅是我省科技自主创新体系建设的一个瓶颈,而且也造成了现有资源的严重浪费。

就上述全省科技创新体系的现状来看,其基础条件与设施还相对薄弱,不仅缺乏一个强大的科技信息研究与交流机构,也没有一个相对完整的文献信息保障体系,能够独立建设文献信息中心的企业更是寥寥无几。总体上看,这些企业目前还缺乏信息情报的意识与完整思路,而且,绝大多数企业都没有能力投入大量资金去建立一个有效的保障和支持体系。但是,信息情报的获取,也就是技术和市场信息的采集与分析,对于企业的发展至关重要。因此,建立海南教育科技数字图书馆这样一个公共信息服务平台,充分发挥社会分工优势,凸显专业服务作用,才会使成长中的企业在激烈的市场竞争中得到有力的支持。

有鉴于此,借鉴国内发达地区文献资源条件平台建设经验,在地方政府的支持下,依托海南省高校文献信息中心(下称省文献中心)及高校图书馆、省科技信息研究所、省图书馆等单位,实现教育系统、科研院所、公共图书馆之间的资源整合及服务体系集成,打造有海南特色区域创新体系科教数字资源服务平台——海南教育科技数字图书馆,对于推动我省经济、教育、科技事业的迅速发展将是十分必要的。

从基础条件来看,启动这类项目的基本条件已经具备。前述省文献中心经中国高等教育文献保障系统(CALIS)管理中心的批准,已建成“CALIS 海南省文献服务中心”,成为上接 CALIS 地区中心和国家中心,下连我省各高等学校的 CALIS 省级文献服务中心,即具备开放性、互补性和可持续性发展的区域性高等教育信息服务中心。目前,以海南省高校文献信息中心为龙头的全省高校图书馆协作组织(共计 17 个单位)拥有各类图书 300 万册,电子文献数据库 100 多个,总价值达到 3000 万元以上,且已形成一支从业达 400 人以上、掌握现代信息技术和知识的服务工作团队,特别是自 2002 年以来全省高校图书馆实现了网络环境下的馆际互借,完成了联机检索、联机借阅、联机编目,成为我国率先实现了区域性合作的典范——海南模式,引起了国内外的关注。海南省科技信息研究利用所拥有的万方数据资源系统以及与科技部所属中国科技信息研究所、西南科技信息研究所等单位的资源共享优势,在文献代检代查、科技查新、定题服务、项目咨询等方面为省内企事业单位提供了大量信息咨询服务,取得了良好的社会效益。海南省图书馆发展的目标之一即为建设海南省数字化图书馆,现已基本具备开馆条件。总体上讲,如果能将上述教育、科技、文化系统的信息服务体系进行有效的资源整合与共享,优势互补,将具备将现有服务体系扩展成为区域性教育科技数字图书馆的基本条件。

二、海南教育科技数字图书馆建设的总体框架

1. 建设目标

用 2—3 年的时间,建成一个依托教育、科技、文化三大系统文献资源共享体系,为推动我省主导产业及社会、经济、教育、科技事业的全面发展提供全方位信息服务的数字化文献信息公共服务平台。

该项目由省政府科技、教育、文化、财政主管部门组织协调实施

的,是旨在改进我省科技自主创新体系基础条件的重要项目之一。其总体目标是:通过体制创新、机制创新、技术创新和服务方式创新,整合我省教育、科技、文化系统各类文献信息资源,创建基于数字化与网络化技术的新型信息加工与服务体系,成为面向经济建设,面向全省高新科技企业提供强大的文献保障功能服务的文献共享网络体系。

2. 建设任务

该教育科技数字图书馆建设立足于为教学科研提供数字化文献保障环境,为提升企业核心竞争力提供知识服务,为政府决策提供支持,其基本建设任务可以归结为三大技术与服务平台。具体如下:

(1)信息资源平台建设

信息资源平台的资源系统由电子图书、电子期刊全文数据库、光盘资源系统、地方特色多媒体全文数据库、资源导航系统、跨库检索系统等组成,并实现信息资源的多语种、跨媒体、跨平台的异构集成。

(2)知识服务平台建设

该平台通过简洁、友好的公共用户界面,利用各种智能化应用系统,建立能为用户提供智能化知识服务的系统。这一服务系统旨在建立系统与用户之间的互动机制,使其运行与服务模式由传统的以单向、被动、静态、低层次为特征的粗放型信息服务转变为以双向、动态、高端咨询、主动"推进"式为特征的集约型知识服务。

(3)门户及底层技术平台

底层技术平台建设是在省文献中心原有系统架构的基础上,根据数字图书馆建设目标和功能要求实现对软硬件系统(存储系统、主机系统和应用软件系统)进行合理配置,即从系统架构上实现服务平台在软硬件系统和存储设备的整体配置,为服务平台信息数据转换平台及文献资源跨库检索平台提供系统基础环境的支撑。

上述应用系统平台可以采取分步投入、逐步完善的方式进行建设,始终坚持所有软硬件系统的技术和应用的先进性、可靠性、可用性与可扩展性,逐步形成不断完善和拓展的数字图书馆。

3. 年服务规模指标

该馆进入正常运行阶段以后，服务规模与效能主要指标如下：

(1) 面向社会服务的文献借阅量达到100 000册以上；

(2) 完成文献传递量不低于3000份；

(3) 开展代检代查、参考咨询服务，共计服务总量不低于10 000项；

(4) 开展科技查新、定题跟踪等项服务，共计服务总量不低于1000项；

(5) 虚拟参考咨询系统平均年服务量1000人次以上；

(6) 为本省高新技术企业培训从事文献信息服务的专业人员200人以上，培训其他用户500人以上。

三、海南省科技数字图书馆结构体系设计

该数字图书馆结构体系可分为三个层面：即基础层、应用层、控制层。其整体架构、体系和层次如图4－1：

各层面相关构成与功能如下：

1. 基础层

基础层主要由两大部分组成：资源配置系统和门户及底层技术系统。具体如下：

(1) 资源配置系统

①中外文期刊数据库购置

根据我省教育、科技系统文献需求的实际情况，确定中外文期刊数据库购置原则：中文数据库主要购买综合性以及科技、商务类专业数据库；外文数据库除少量购买综合性性价比高的数据库如SPRINGER、EBSCO以外，主要通过CALIS、NSTL、CASHL等服务系统以原文传递的方式来提供保障服务。拟购数据库如下：

CNKI期刊全文数据库、重庆维普资讯期刊全文数据库、万方学位论文数据库、万方会议论文数据库、万方科技成果数据库、万方法律法规数据库、国研网、SPRINGER、EBSCO。

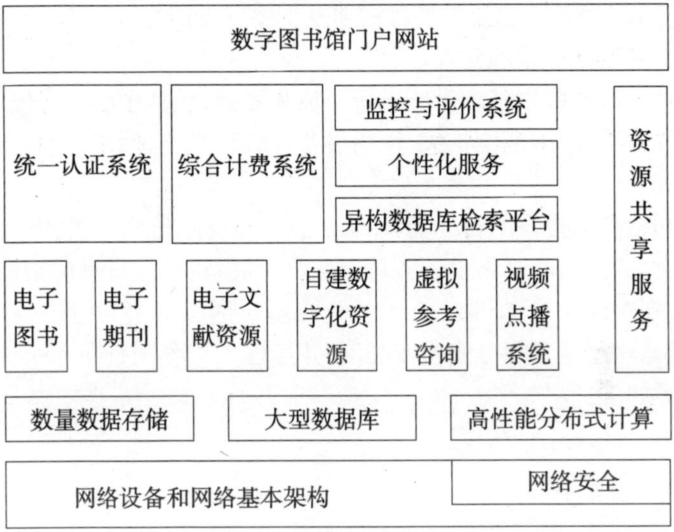

4-1　省教育科技数字图书馆整体框架图

②自建数字资源

继续开发建设代表海南省地方特色的专题数据库——海南旅游资源数据库、海南历史文献数据库、海南热带农业文献数据库、海南热带医学医药文献数据库、海南少数民族文献数据库;同时,开发建设本省优势产业所需的专题数据库,如海洋石油专题数据库、汽车专题数据库等,形成服务于教育科技系统的相对完备的地方文献数字资源库群。

③与公共图书馆系统建立战略合作关系,实现多层级的资源共享

与省内公共图书馆系统建立战略合作关系,使拟建数字图书馆成为全国文化信息资源共享工程的一个节点;将已经取得阶段性成果的海南历史文献数据库、海南旅游资源库、海南少数民族数据库纳入海南省文化信息资源共享工程;同时,利用地方文化管理部门政府的职能及丰富地域资源,共建文化领域其他专题数据库,最终实现共享。

(2)门户及底层技术平台构架及主要建设内容

①网络基础设施建设

对现有的网络基础设施进行改造和完善,包括中心机房改造、网络带宽升级、联网范围扩大、网络设备升级和优化、网络管理、安全的加强等。

网络环境建设的目标为:千兆光纤主干、百兆至桌面、千兆核心层交换系统,核心网络设备支持万兆可扩展,在满足现有应用的基础上,做到有效保护;千兆光纤上行连接至校网络中心,并连入教育科研网;早期建立十兆专线连接公网,并可逐步扩容至百兆专线。网络结构图如下:

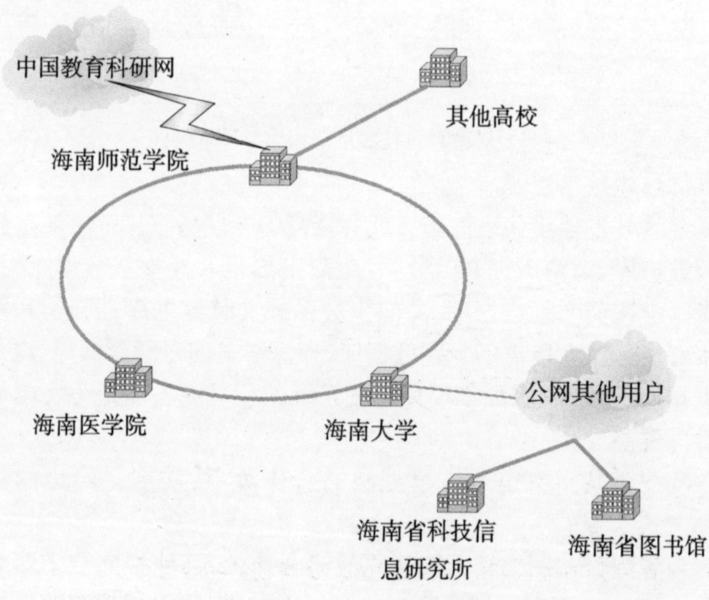

4−2　省教育科技数字图书馆网络结构图

为了向用户提供可靠的、安全的服务,配置千兆网络防火墙,防范网络黑客攻击和病毒的破坏,配以全局的访问策略规划及管理,从而高速、安全地为用户提供服务。

②网络存储

配置强大的计算机系统,为用户提供高速海量资源检索创造条件。数字图书馆的海量数据需要高性能的网络存储设备,以满足读者快速访问的需求,建立 SAN 网络存储系统,为各类数字资源提供存储平台。

③计算资源的扩展

在配备满足需要的高性能网络服务器的同时,逐步根据需要配置服务器集群系统,以此整合服务器资源,充分利用服务器系统资源。

④门户网站及应用系统建设

• 建立统一的省教育科技数字图书馆门户网站,向广大用户提供 24 小时不间断网络服务。

• 以基本的网络应用平台和应用系统为基础进行相应增强和完善,包括 Web 等服务的进一步优化和集成;实施网络安全,建立统一身份认证系统,并根据实际需要逐步建立综合计费系统、统一资源注册与命名系统。

2. 应用层——知识服务平台

该平台由面向用户的各类应用系统组成,具体如下。

(1)资源导航

①网络资源导航

学科导航;行业专题导航,如汽车,制药、海洋石油等行业专题导航系统,为高新技术企业服务。

②本馆(网站)资源导航。

(2)资源共享服务

OPAC 及联合目录系统、馆际互借与文献传递、代检代查等,逐步部署大范围资源链接调度等系统。

(3)个性化服务

定题服务、虚拟参考咨询、实时咨询、论坛、博客、推送服务、数字图书馆远程访问等。

(4)用户信息素质教育服务

提供用户培训所需各种课件与软件。

3. 控制层

控制层主要包括监控与评价系统,主要为各系统运行及服务功能实现提供统计、分析、评价控制,适时将资源系统、底层技术系统及用户服务系统运行状况调整为最佳状态。

四、管理机构、运行机制与评价体系

该数字图书馆在政府有关职能部门统一组织协调下,在全面规划、合理布局的前提下,以海南省高校文献中心为中心,联合高校图书馆以及省科技信息研究所,实现全省教育、科技系统信息服务体系的共建共享、优势集成、协调发展。其运行管理体系具体如下:

1. 管理机构

为了确保"海南教育科技数字图书馆建设项目"的全面启动与实施,需建立科学、合理、高效的运行管理体制。为此,建议成立"海南教育科技数字图书馆建设领导小组"(以下简称领导小组)、"海南教育科技数字图书馆建设管理委员会"(以下简称管理委员会)、"海南教育科技数字图书馆专家咨询委员会"以及常设工作机构——项目办公室。

(1)领导小组:全面领导"数字图书馆建设项目"的实施和发展工作,审议管理委员会提交的年度工作计划、年度建设总结报告、年度财务预算和年度财务结算报告,以及重大事项的审批和各厅局间的协调。

领导小组人员由相关厅局的领导组成,积极争取由省政府主管领导担任领导小组组长。

(2)管理委员会:在领导小组的领导下,负责"数字图书馆建设项目"的具体实施和建设,承担重大项目的可行性调研和论证,负责"数字图书馆建设项目"的正常运行、年度检查和阶段性评估工作,负责制定项目实施的年度工作计划、年度工作总结、年度财务预算和年度财务结算报告。

管理委员会人员由项目实施相关部门的领导和专家组成。

(3)专家咨询委员会

专家委员会成员由管理委员会根据工作需要推荐,由领导小组聘任,接受管理委员会领导。专家委员会根据数字图书馆建设发展需要,开展相应的调查研究,协助管理委员会制定相关的发展规划和工作方案、技术方案,负责对数字图书馆各项工作的评估。

专家咨询委员会由系统内外的图书情报专家、信息技术专家组成。

(4)项目办公室

承担项目的日常建设和运行的管理工作。

办公室下设三个专业小组:资源建设小组、系统运行小组和用户服务小组。

①资源建设小组:负责引进数字资源的可行性调研、论证及试用数字资源的调查和分析,参与数字资源采购谈判,负责数字资源使用情况的调查和分析,以及承担全省文献资源建设的协调和协作。

②系统运行小组:负责全省数字图书馆的正常运行和维护,负责引进应用系统的可行性调研、论证及试用的调查和分析,参与应用系统采购谈判,负责应用系统使用情况的调查和分析。

③用户服务小组:负责全省数字图书馆的对外服务,了解用户的需求、意见和建议,处理用户的投诉,定期开展用户满意度调查。

2. 资源购置与评价

(1)数据库采购评价程序

①数据库调查:项目办公室根据我省文献资源建设的统筹安排,以及全省文献信息资源的现状,系统调查和分析国内外相关数据库的收录范围、与纸质文献重复的状况、检索体系和价格,特别是技术的先进性和存储空间的需求等,并写出"调研报告"和填写《数据库采购调查分析表》。

②数据库选择:将"调研报告"和《数据库采购调查分析表》上报

管理委员会审议并讨论确定初选数据库。

③数据库试用:将管理委员会确定的初选数据库安排试用,并根据试用情况,确认符合“调研报告”和《数据库采购调查分析表》的分析,再经管理委员会审定同意,报管理委员会主任批准,最后确定购置。

④采购谈判:项目办公室与开发商进行购买数据库谈判,拟定出购买协议初稿,并填写《数据库基本数据与技术要求表》。

⑤审批协议:将协议提交管理委员会讨论,并根据管理委员会会议和主任的意见,修订协议。

⑥签订协议:将修改后的协议提交主任审批、签字,资源建设小组的相关人员均需签字,协议后附4份《数据库基本数据与技术要求表》并加盖公章,分别由开发商、管理委员会和项目办公室各保留一份。

(2)数据库使用效果评估方法

使用中出现的问题,项目办公室负责与开发商联系,并要求开发商在规定的时限内解决问题,使用10个月后,项目办公室根据使用情况,填写《数据库使用情况调查分析表》,提交管理委员会资源建设小组提出初步意见,然后交专家咨询委员会提出评估意见,以确定后续年份是否继续购置事宜。

(3)应用系统购置与评价

应用系统采购评价程序为:

①应用系统调查:项目办公室根据我省数字图书馆建设的统筹安排,以及项目建设的现状,系统调查和分析国内外相关应用系统的状况、功能和性能价格比,特别是技术的先进性、可靠性与可扩展性及设备、设施的性能要求等,并写出“调研报告”和填写《应用系统采购调查分析表》。

②应用系统选择:将“调研报告”和《应用系统采购调查分析表》上报管理委员会审议并讨论确定初选应用系统。

③应用系统试用:将管理委员会确定的初选应用系统安排试用,

并根据试用情况,确认符合“调研报告”和《应用系统采购调查分析表》的分析,再经管理委员会审定同意,报管理委员会主任批准,最后确定购置。

④采购谈判:项目办公室与开发商进行购买应用系统谈判,拟定出购买协议初稿,并填写《应用系统基本数据与技术要求表》。

⑤审批协议:将协议提交管理委员会讨论,并根据管理委员会会议和主任的意见,修订协议。

⑥签订协议:将修改后的协议提交主任审批、签字,系统运行小组的相关人员均需签字,协议后附 4 份《应用系统基本数据与技术要求表》并加盖公章,分别由开发商、管理委员会、项目办公室各保留一份。

应用系统采购评价程序为:

如果使用中出现问题,项目办公室负责与开发商联系,并要求开发商在规定的时限内解决问题;使用 10 个月后,项目办公室根据使用情况,填写《应用系统使用情况调查分析表》,提交管理委员会提出初步意见,然后交专家咨询委员会提出评估意见。

(4)服务效益评价程序

服务小组根据“数字图书馆建设项目”具体建设任务和目标制定出一套完整的服务效益指标体系,每年年底向管理委员会及专家咨询委员会提交年度服务效益统计表和服务效益年度总结报告。专家咨询委员提出总体评估意见,管理委员会根据年度报告与评估意见提出下一年度服务指标,以持续改进,不断提高服务质量和水平。

3. 资源建设项目的立项与管理

各成员单位根据该数字图书馆总体建设目标和具体要求确定建设项目。每个项目的建设周期根据实际需要确定。管理委员会根据数字图书馆发展规划,编制发布《海南教育科技数字图书馆建设项目申报指南》。各成员馆均可以根据自身资源条件申报建设项目,由管理委员会在成员馆内组织招标后立项并下达任务书,中标单位参照“资源购置与评价”规定程序实施;各子项目要建立项目建设责任制，严格按照管理委员会的相应规范组织实施，保质保量地完成各项建设任务。

五、数字图书馆建设的经济效益与社会效益

1. 经济效益

海南教育科技数字图书馆项目建成之后，将会产生显著的社会效益与经济效益。除了能够为高校系统提供文献保障服务以外，还将为地方知识创新提供全方位的信息服务，可望取得显著的经济效益与社会效益。具体分析如下：

(1)经济效益分析

如果以服务全省 300 个高新技术企业和大中型企业、10000 名高新技术开发人员为目标，可创造如下直接和间接经济效益：

①可以为全省节省大量的信息支出成本，相当于为每家企业设立了一个个性化的数字图书馆。可向每家企业收取年度文献信息服务费 3 万元（相当于一个专职科技信息工作人员一年的年薪），以全省 300 家企业利用本数字图书馆计算，共可收取文献信息服务费 900 万元左右。

②每位科技人员年购买文献信息服务费 100 元，按服务全省 1 万科技人员计算，预计可以收入 100 万元。

③预测科技人员因为获得良好的文献信息资源增值服务而增加的科技开发成果平均增加产值为 0.5 万元，可创造间接经济效益 5000 万元以上。

(2)投资回收分析

①根据以上第(1)、(2)项测算，本项目每年可以创造直接经济效益 1000 万元。该数字图书馆正式投入运行后 1 年（即 2009 年）即可收回投资。

②如果以 100 家企业利用该数字图书馆计算，共可收取文献信息服务费 300 万元左右；如个人购买文献资料人数按 3000 人，每人按 100 元计算，服务费为 30 万元，共计年收入为 330 万元；该数字图

书馆正式投入运行后3年(即2011年)即可收回投资。

2.社会效益

该项目的实施将为全省科技人员与高校教师提供全方位与个性化的文献保障服务。通过这一项目的建设,建立了省内高校与科技界的文献信息保障系统,可以充分利用高校系统已经形成的文献服务平台——信息资源和专业人才队伍为全省数百个重点高新技术企业和数万名科技开发人员提供最方便、快捷的文献信息服务。它的启动与实施,对于推进我省科技自主创新体系尽快形成,节省整个社会的成本投入,提高整体的经济效益和社会效益,都具有十分重要与深远的意义。与此同时,该数字图书馆的建立不仅可以在很大程度上改变海南在科技基础设施方面的落后面貌,而且将改善海南的投资环境和整个社会的文化氛围,使海南真正进入学习型社会和创新型社会。可以预见,该项目的实施必将产生巨大的社会效益和经济效益。

参考文献

1　何晓萍.数字图书馆模式下服务创新的思考.情报探索,2005(3)
2　蒋丽艳,蒋丽红.图书馆联盟有效实施的博弈分析.图书情报知识,2004(3)
3　叶宏.图书馆联盟与传统图书馆管理模式之比较.情报资料工作,2004(5)
4　朱晓华.在合作中生存发展——论图书馆联盟.图书情报工作,2004(7)
5　邱燕燕.我国图书馆联盟建设的现状与思考.图书与情报,2004(6)
6　陈琳.地区性图书馆联盟建设的思考.图书馆论坛,2004(6)
7　裴雪芬.高校图书馆联盟建设研究.图书馆工作与研究,2004(2)

第五章　利益平衡:数字资源知识产权保护的博弈

随着全球网络化、数字化进程的不断推进,知识产权保护问题日益突出和尖锐,其主要表现在于版权保护与信息资源社会共享两种利益需求之间的冲突与较量。众所周知,网络资源的开发与利用是数字图书馆建设的重要内容,因而上述冲突长期悬而未决已经成为而且还会继续成为阻碍、延缓数字图书馆建设进程的重要因素。一段时间以来,国内不少学者撰文就此问题提出自己的看法与意见,其中主要涉及数字时代知识产权保护的适度性探讨。本章拟基于保护著作权人权益与网络资源有效使用的互动关系模式,在利益平衡的原则之下探讨数字图书馆建设过程中的法律约束问题。

关于数字图书馆的特性及其运行前面已做了大量评述,在此不再赘述。这里需要讨论的问题是:数字图书馆的建设和运行涉及大量的文字、图像和声音资料的数字化和网络传输,如果不能有效地解决馆藏作品的版权保护问题,其建设进程必将受到很大影响。关于网络传输的性质、数字环境下的合理使用范围应该如何界定等问题,各种意见众说纷纭,莫衷一是。正因为对上述问题长期无法达成共识,致使各类网络文献资源版权之争绵延不绝,已经演化成为影响网络资源有效使用的一个瓶颈。显然,这是一个亟待解决的问题。应该说,这一问题非常复杂,涉及了信息技术工程、信息资源管理、图书馆学、法律、伦理等多个领域的诸多因素。以下就相关问题展开一些初步的讨论。

第一节　数字图书馆与版权保护的博弈

一、历史的沿革

纵观图书馆学史,不难发现图书馆与版权保护有着很深的历史渊源,而且版权保护制度是随着作品载体形式的不断变化而逐步演化的。1709 年,《安娜法》的问世标志着世界上最早的版权保护法规体系的建立。从此以后,图书馆就与版权保护问题结下了不解之缘。首先,我们应该看到,以图书馆为代表的信息资源社会共享体系和版权保护制度都以完成有价值的作品创作和传播为目标,两者的内在差异在于:图书馆通过对公众提供免费或低收费服务来实现这一目标;而版权保护制度则力求通过特定形式的制度体系来确保著作权人、出版机构或数据商能够获取预期利益。这一差异实质上就是图书馆的公益性与版权所有者所代表的利益群体之间冲突产生的根源。正是这种冲突,成为推动版权保护制度不断发展的原动力 。

如前所述,从英国 1709 年的《安娜法》开始,文化信息传播历经纸质印刷品时代,传媒时代和网络化、数字时代的三个重大历史阶段。第一阶段是纸质印刷品阶段。这一历史阶段历经了近 200 年的历程,直至 19 世纪末才结束。从 19 世纪末到 20 世纪 70 年代是文化信息传播的传媒时代。在此期间,作品类型与过去已完全不能同日而语,创作方式日新月异,作品的主要使用方式不再仅仅是阅读,还包括视听等。这一历史阶段的版权法规(如伯尔尼公约等)正是基于规范这些新的传播技术和传播方式所面临的版权问题应运而生的 。

20 世纪 70 年代以后,人类社会进入网络化、数字化时代,也就是人们所说知识经济时代与信息时代。文化信息传播形式除了纸本印刷文献、传媒以外,主要传播方式是利用迅速发展的网络通信技术、多媒体技术、数字技术来完成的。日新月异的通信技术、数字技术问世又使文化信息在网络上的传输与发布更加便捷、灵活,其主要标志就是传播方式实现了从“点—面”到“点—点”的转型。毫无疑问,这种传播方式的问世又产生了新的版权纠纷的土壤。其原因在于,传播方式越便捷易行,出现侵权行为的概率就越高。从此,版权所有者权益保护机制似乎跌入一种失重状态。现成的法律法规体系在大量的版权纠纷面前几乎无所作为,与此同时,作为文化信息储存与传播机构的图书馆基于自身的社会职能又不得不努力地维护社会公众使用公共资源的权益,于是就产生了旷日持久的博弈。这样一来,在原有版权法规体系之下相对平衡的著作权人、出版发行机构、图书馆和读者之间的利益关系传统格局被著作权人、出版商、数据商、读者、图书馆的五极化格局所替代。由于既成法规已无法覆盖和规范新的利益角逐,版权保护格局也被打破了。在前网络化时代,力求满足社会公众文化需求的图书馆和维护版权人权益的版权保护法规体系之间经过了长期的较量与妥协,已经达到了相对稳定的平衡状态,然而频频出现的网络资源版权纠纷轻易地就破坏了这种平衡状态 。从此,版权保护很无奈地被导入了一种混沌时期。其中的焦点问题是迅速发展的网络通信技术、多媒体技术、数字技术所衍生的信息网络传播权问题。这无疑是一种新的法律要素,也是近10年来网络资源知识产权的焦点问题。

围绕着这一问题,国际社会一直争论不休 ,绵延不绝,以至形成了代表不同群体利益的两大阵营:其一为社会公众以及图书馆,其二为版权人。其中,出版者社团基于自身利益最大化的目的坚称:数字作品与印刷作品内涵存在本质区别,法律体系应予以区别对待,过去运用的法规在新的环境下已不能满足新的需求。数字化以后的作品是虚拟资源,复制成本极低,复制概率比以往传统形式作品大得多,因对版权人利益侵害程度也大得多。产生这些的原因在于图书馆的合理使用制度的存在,后者就是出现侵权的土壤和温床,只有废除这一制度才有可能使版权人的利益得到基本保障。于是,一种强烈要求废除图书馆合理使用制度(尤其不能延伸到数字图书馆)的呼声迫使国际社会组织作出回应。显而易见,他们这种利益保护的强烈欲望和呼声势必对各国立法机构产生巨大的压力,从而出台一些旨在保护版权人利益的法规。后者的出台无疑直接影响到数字图书馆建设的进程与发展方向 。

二、图书馆与社会公众利益空间受到严重侵蚀

由于这样一种强烈的呼声,使国际版权立法机构不得不作出有利于版权人利益的修订。这一态势遂使图书馆所代表的公共利益空间受到严重的侵蚀、挤压,多年来形成的传统的利益平衡割据无可挽回地被打破了。毫无疑问,在重新制定游戏规则或俗称为"洗牌"的过程中,原本在各种社会利益角逐中一直处于弱势的图书馆的生存空间日趋狭小。

从广义上看,任何国家的版权法或国际组织的版权公约,都促进人类社会进化,推进文明进程的为其基本宗旨。当这些过程不得不面对社会公众利益与创作者个人利益关系激烈冲突时,都会以保护与扩大公众利益为其终极目标,保护个人利益是手段或阶段性的权宜之计。为了达到最终目标,激发参与推动这一进程各方的参与热情,在特殊的历史阶段的局部利益方面往往作出一些有利于个人权益方面的调整,但后者并非是法规体系运行的最终目的。而在当今数字时代,信息资源版权国际保护发展趋势反映了这一特点。它从各方面都反映出保护版权人与传播者利益的价值取向。为了维护版权人与传播人的利益,这一取向改变了图书馆原有的合理使用范围,从而扩大了版权作品的权利范围。在这样一种背景下,国际上掀起了国际版权立法与修订运动的热潮。不言而喻,这些法律法规或条约有一个共同特点,就是朝着有利于版权人的方向发展,进一步扩大和严格版权作品的权利范围。其结果就是缩小和限制包括图书馆在内的公共利益范围。可以说,陆续出台的一些旨在保护版权人权益的法规不可避免地使图书馆所代表的公共利益空间受到严重的挤压。

显而易见,国内的态势也大抵相仿。我国力求在建立和完善知

识产权保护体系基础上,尽快与国际上通行的相关法规接轨,通过逐步缩小与发达国家在相关法规立法的完善性方面的差距来推动信息网络传播事业的发展。有鉴于此,2001 年 10 月 27 日,修改后的《中华人民共和国著作权法》问世。新的版权法有如下特点:首先,加强了版权人的权利,拓展了专有权的范围,如新增加了信息网络传播权、发行权、汇编权与出租权等;其次,原则性规定了版权集体管理组织的管理机制,具体办法即将出台。显然,这些修订都表明这样一个事实:在新的一轮博弈中,相关法律制度体系在社会公众与个人间的利益平衡方面逐步向个人倾斜。由于增加了诸多限定,图书馆运行空间受到更多的限定,合理使用与法定许可范围明显缩小了。

需要指出的是,我们应该注意到版权保护法规从问世的第一天起就面临着二值取向:即促进文化信息传播与保证版权人权益并重,维护后者的权益更深层次的缘由应该是为了促进前者,因而两者相互冲突的利益诉求应该通过立法调整来寻求新的平衡。这应该是版权立法的初衷。有鉴于此,上述种种又不可避免地引起其权益受到侵害的社会公众的另外一种呼声。其依据在于:图书馆运行应该也必须尊重版权人的权益,但是,以推动与促进文化信息公平、合法的传播为宗旨的图书馆更为关注文化消息传播社会效用的最大化。

三、维护社会公众利益的呼声

上述种种说明数字时空环境下图书馆的信息服务已面临着版权保护新的挑战。国际图书馆界对这一问题表现出极大的关注,IFLA也深感这一事态的严重性,他们提出:上述要求是对版权的过度保护,要求继续保持图书馆为大众提供公益性服务的功能和作用,法律应缩小信息贫困者和信息富裕者之间、发展中国家和发达国家之间的差距;过度地强调版权的垄断性以保证版权人获取足够的经济利益势必适得其反,应该在保护版权的同时,也应充分考虑读者获取信息的权利。国际图联多次在不同场合阐明与重申上述原则。

1996 年,在《世界知识产权组织著作权条约》的制定过程中,国际图联发表了《关于数字环境的立场声明》,主张在数字和网络环境下,著作权法应继续保留合理使用和图书馆例外条款。

1999年,国际图联执委会通过《关于图书馆与知识自由的声明》,阐述了图书馆和图书馆员“坚持知识自由原则,坚持不受限制地检索信息的自由”等原则立场。

2000年,国际图联执委会批准《关于数字环境下著作权问题的国际图联立场(修订稿)》,在“著作权以平衡权利人利益和用户利益为目标”的理念基础上,系统阐述了国际图联代表全球图书馆及图书馆用户对数字环境下著作权的立场。

2002年,国际图联大会通过《格拉斯哥宣言》和《因特网宣言》。前者阐述了国际图联支持并促进获取知识自由原则的实现,支持并促进图书馆提供无障碍检索服务的立场;后者表明了国际图联鼓励各国政府支持公众通过图书馆或信息机构无条件获得因特网信息,反对设置障碍的立场。

2002年,国际图联发表《WTO对图书馆影响的声明》。该声明就《与贸易有关的知识产权协议》(TRIPS)将WTO实施机制凌驾于著作权保护条例之上的现象,明确表达了国际图联“反对任何阻碍国际间由图书馆正常收集和传播合法信息与文化的自由”。

然而,笔者始终认为:应该看到,除了这些努力维护图书馆运行的主张和呼吁以外,图书馆从业人员也有一个观念转换的问题。毋庸置疑,作为图书馆人,看到上述相关法规所作出挤压图书馆生存的修订,势必非常反感和无奈。但是,我们应该站在更高的层面来思考这一问题:即如何促进文化信息的传播?在数字资源传播的初期,如果长期缺乏相应的法律法规保护,这项事业势必夭折;有了这样一种保护,固然不如过去方便、快捷以至于随心所欲,但以那种状态也暗含着深刻的危机,长此以往,无利可图的数据服务商大都会纷纷放弃这一领域,如果真是那样,对社会公众获取文化信息就会产生更大的冲击。因此,一味反感与抵触是毫无意义的。如果我们以一种历史眼光来审视这一问题,这个从无序走向有序的过程将是不可逆转的,而摆在我们面前的首要任务是如何把握各方的利益平衡。

第二节　数字资源版权保护的法律阐释

如前所述，随着数字图书馆的迅速发展，数字图书馆版权保护问题逐渐成为图书馆学界的热点话题。应该说，对数字图书馆版权保护问题的关注还不仅限于图书馆学界，它已经成为法学界、图书馆界、出版界及网络信息提供商所共同关注的问题。就目前国内的总体态势来看，数字图书馆版权保护不仅仅是理论，而且是一个亟待解决的实践问题。众所周知，陈兴良诉中国数字图书馆有限责任公司（简称数图公司）侵犯其信息网络传播权案是我国第一起与数字图书馆有关的著作权侵权案。2002 年 4 月 1 日，北京市海淀区人民法院在判决书中认定，数图公司将陈兴良的作品上载到国际互联网上，侵害了作者的权益，即侵犯了其信息网络传播权，故数图公司应立即停止侵权并依法承担侵权责任。与此相仿，1999 年，王蒙等 6 位作家诉北京世纪互联通讯技术公司案，2002 年中华医学会等 2000 多家杂志诉维普公司案，2004 年《北京大学学报》等 11 家高校学报诉重庆维普案，2004 年中国社会科学院 7 名知识产权专家诉书生之家数字图书馆案无一不是以版权人胜诉而告终。这类案例对于图书馆界以及像数图公司这样的网络服务提供商来说，无疑是一种值得高度关注的警示。它提醒人们对网络资源的版权问题必须予以高度重视，否则，法律的无情会使肆意违反“游戏规则”者留下深刻教训。

一、问题的提出

人类社会进入数字时代以来，数字技术使文献的存在方式实质上只是信息而不是其他任何东西。文献的价值完全体现在它所包含的信息上。数字图书馆依托网络传媒进行信息交流与文化传播。众所周知，数字文献资源一旦进入网络，其传播过程与方式就与传统文献有着极大的差异。首先，网络传播不受地域的限制，其复制过程是不可控制的;其次,整个复制过程转瞬即逝,不留任何痕迹,因而在网络上的侵权行为通常难以界定与查证。由于侵权人难以受到相关法律、法规的约束,现行法规体系难以对版权人形成有效的保护机制,由此产生的绵延不绝的版权纠纷使现成的版权纠纷使既成的版权保护体系形同虚设。有鉴于此,有关法规对网络信息知识产权所涉及的一些问题进行了必要的界定。后者为保护网络环境下的版权人权益提供了法律依据。

二、网络信息知识产权的概念和特征

1. 网络信息知识产权的概念

网络信息知识产权是指网络信息的版权所有者依法享有的权利,是权利人对法定智力成果所享有的人身权和财产权的总称,它包括:发表权、署名权、修改权、保护作品完整权。财产权是指知识产权依法确认后,权利人可以享有取得报酬和奖励的权利。

2. 网络信息知识产权的特征

相对于传统意义上的知识产权而言,网络信息知识产权具有诸多不同的特征。因此,如果力求有效地实施对网络资源知识产权保护,务必对其基本特性进行科学合理的阐释与界定。以此为前提,才可望基于网络信息资源产生与传播过程中的特殊性这一全新的视角审视网络信息的知识产权保护。

(1)非实体性

在传统的信息环境之中,知识产权保护对象——智力成果所附着的载体通常具有实体性特征。由于网络信息资源的产生、利用和传播大都是以非实体形式体现。因此,将“非实体性”——虚拟性认定为网络信息知识产权的重要特性是网络环境下知识产权制度确立的重要前提。在网络环境下,法律意义上作品的著作权并没有变化。但是,由于知识产权的非实体性——虚拟性日益凸显,无疑会增加实施保护过程的复杂性,弱化保护实施的力度与可操作性。

(2)排他性与资源共享性

可实现共享是网络信息资源的一个显著的特征，这也是与传统实体性资源相比的优势所在。众所周知，知识产权保护的目的旨在促进信息资源共享，保护著作权人的权益及持续创新的欲望与热情，加强知识与信息的新颖性，调节知识产权专有性和共享性之间的平衡。但是，网络是一个开放的空间，从广义上讲，开放总是一个容易得到认同的特质。但就知识产权而言，这种开放与公开的负面效益与弊端已日益凸显出来：它削弱了知识产权所有人对其智力成果的垄断权，并且使信息使用者的知识产权的专有意识在逐渐淡化。尽管社会公众的充分共享是信息和知识不断再生的前提与基础，但摒弃垄断专有性又会使知识产权失去赖以生存的根基，遂使人们丧失探求知识的原动力。因此，就知识产权而言，知识与信息的垄断专有性与资源共享性两者相辅相成，缺一不可。

(3)时间性

法律认可"知识"的财产价值旨在反映知识所具有的商品属性，为创造人提供补偿其价值投入的机会与可能性。但是，若将知识财产无期限地置于个人垄断之下，就会阻碍和延缓社会的进步与发展。因此，法律对知识产权规定了存续的期限，一旦期限届满，权利即告消灭，其客体也由此进入公有领域，成为全人类公有的财产，人类社会的每个成员都可以无偿使用它。

(4)地域性

知识产权作为一种专有权在空间上的效力并不是无限的，而是具有严格的领土性，亦即其效力只限于本国境内。除签订有国际公约或双边互惠协定以外，由一国法律保护的知识产权只能在该国领域内发生法律效力。由于专有性是依法律的保护实现的，而立法权属于国家主权，因而这种专有性受法律的域内效力的限制，其效力不具备递延至对他国发生效力。这种严格的地域性特征是由智力成果极易传播，又可利用而取得巨大经济效益的特殊性决定的。就此而言，地域性是专有性的延伸。

3. 网络信息知识产权的主体

知识产权主体是指受知识产权法调整的各种法律关系权利与义务承受者,确认知识产权法律关系主体,是明确知识产权的归属、实施知识产权保护的前提和条件。它主要包括三部分:

①最终获得知识产权权利的法律主体;

②依法参与某种知识产权授权程序,请求机构就某种“智力成果”授权的法律主体;

③依照法律赋予的权力而负责授权程序的权威机构。

至于最终获得知识产权权利的法律主体,又包括在有关的知识产权产生之初享有权利的“原始权利主体”和依据一定的权利移转程序而自其他权利主体手中承继知识产权主体的“继受权利主体”两种。传统的知识产权法本质上是为本国人提供智力成果保护的法规体系,但在网络环境下,网络的开放性、交互性、无国界性特征使知识产权地域性原则的适用性受到挑战,遂使一些新的法律理念得以问世。后者主要表现在以下几个方面:

(1)传统知识产权主体内涵的扩展

纵观知识产权保护制度演化历程,我们可以得知:知识产权主体制度第一次重大变革与发展大约发生在19世纪中后期,主要标志是《巴黎公约》与《伯尔尼公约》等知识产权公约的缔结。这些条约的签订使知识产权保护体系将从一个国家扩展到多个国家,从单一国家的保护延伸到国际范围的多边合作。第二次重大变革发生在20世纪初至20世纪中叶,其主要标志是《罗马公约》的问世。《罗马公约》将知识产权主体由自然人扩展到法人,进而又扩展到除了法人之外的其他组织。其第三次重大变革是由单向度主体向多向度主体的转型。此次变革的结果使知识产权的效益向最大化推进。第四次重大变革发生在20世纪90年代,其结果使知识产权保护从现实空间扩张到虚拟空间,使知识产权主体从现实主体向虚拟主体扩张。网络的发展实现了资源共享,扩大了资源的获取和利用范围,但这也使得网络作品的安全性与稳定性大大下降,由此引起的法律纠纷络绎不绝。

(2)网络信息资源知识产权主体之间的关系

就网络信息资源而言,其知识产权主体应由五部分构成:创作者和邻接权人、知识产权中介者、网络信息资源运营机构、网络信息资源终端用户、网络信息资源知识产权的管理者。这五种主体相互依存,互为补充。而且,这五个部分也不可能截然分离,其中的某一部分可能因自己在信息传播过程中的影响与作用的扩展与演化而改变原有身份与地位。例如,内容服务提供商也可能因为自己的增值服务内容中的创新行为衍生出相应的知识产权,从而具有创作者和网络信息资源运营机构的双重身份。

应该看到,网络信息资源知识产权诸主体之间关系并不是相互阻隔的,而应该视为一个有机的整体。用系统工程的观念来分析,就不难发现"这种联系随着网络的发展和网络信息资源的激增而变得更为重要"。首先,我们可以认定:网络信息资源运营机构——信息服务提供商处理的信息不可能全部自我生成,它更多的是利用从知识产权人那里获得使用许可的信息资源向用户提供服务,这就构成网络信息资源运营机构和知识产权人之间的法律关系;其次,网络信息资源运营机构将各种信息进行整合,如分编,制作二次文献库等,然后将这些经过整合的资源提供各类用户使用,这一过程就构成了网络信息资源运营机构和网络信息资源终端用户的法律关系;其三,网络信息资源运营机构,特别是数字图书馆每时每刻都面对着海量信息,它不可能与每一个相关的知识产权人或网络信息资源终端用户达成授权许可协议,因而就有知识产权中介机构在授权许可过程中发挥效用的空间,由此便界定了网络信息资源机构和知识产权中介机构之间的法律关系。这样一个关系链就构成了知识产权人、知识产权中介机构、网络信息资源运营机构、网络信息终端用户、网络信息资源知识产权管理者之间多极化的法律关系。

4. 网络信息资源知识产权主体权利

(1)人身权

我国著作权法规定了四种人身权:发表权、署名权、修改权和保

护作品完整权。而在网络环境下,原本受到法律制度保护的作品权利人人身权面临着若干新的问题。主要表现在以下两个方面:

①发表权

所谓发表权即决定作品是否公之于众的权利。毋庸置疑,作品发表是实现著作权最重要的方式;只有作品发表或正式出版了,作者所应享有的各种权益才具备得以实现的前提。在传统的出版模式之中,这是一个十分简单明了的问题。但是,作者采取新的发布方式,如将作品上网发布势必又会衍生出新的问题。例如,在网络环境下,一部作品可能以纸质文献和网络文献两种载体形式发表,那么后者作为作品发表的实现方式应视作权利人的第二项发表权,还是应该视为只不过是一种介质对另一介质上作品的"转载"? 这些都是在网络环境下有关发表权衍生出来有待讨论的问题。

②修改权和保护作品完整权

在传统出版模式中,这两项人身权是可以得到保障的,但是在网络环境下它们遇到了新的挑战。在网上,不经原作者授权,肆意修改他人作品的现象司空见惯,更有甚者,就是将几部作品剪辑、拼接成一部新作品堂而皇之地挂在网上且无所顾忌。这种现象应该如何看待,如何利用法律手段追究侵权者责任,现成的法规体系对此几乎可以说无所作为,作者修改权和保护作品完整权几乎处于一种无保护状态。

(2)网络传播权

网络传播权是权利主体的一项重要的财产权。网络传播是指版权人将作品数字化后以多媒体的形式在网上发布。通过网络传输,访问者可以不改变作品内容而进行浏览、下载和复制;访问者(包括信息服务商)可将上述数字化作品在网上传播,受众者可以在自己选定的时间和地点获得该作品。毫无疑问,作品的网上传播是使用作品的一种新方式,它既不同于传统意义上的公开传播,也不同于发行作品有形复制件的传播方式。作品在网上的传播方式实现了从"点一面"到"点一点"的转型,因此更为简便易行,且网上传播的作品下载以后可以反复使用。因此,作品的网络传播似乎已经成为传统版权法体系对作品发行或播放等传播方式的各项具体规定无法覆盖的盲区。但是,就权利主体权益而言,作品传播方式的不同,并不意味着上述弱化版权人对其作品传播的控制权利的现象是合法和合理的,但凡未经作品版权人授权在网上传播他人作品毫无疑问是一种侵犯版权人的网络传播权的行为。我国《著作权法》规定"信息网络传播权,即以有线或无线方式向公众提供作品,使公众可以在其个人选定的时间和地点获得作品的权利"。同时也规定了邻接权人的信息网络传播权。新近颁布的《信息网络传播权保护条例》对版权人的相关权益作了更为具体明确的规定。上述权益的确认意味着权利人在其作品的任何使用形式上处于垄断地位,后者将不因作品使用形式的任何变化而转移或消失。

(3)网络发行权

我国《著作权法》对发行的方式作了限定,即发行只包括出售和赠与两种方式。但是,在网络环境下,计算机及网络通信技术给版权法的上述规定带来了极大冲击。其显著特点就是它彻底改变了作品的传播方式与途径,完全以一种全新的方式完成了作品的传播或流通。任一用户可以通过网络服务器直接将作品传送至其他多个用户终端,不仅信息服务群体(包括信息服务提供商)可以将作品置于其网络服务器上,其他用户也可以将作品上载到这个服务器上,有兴趣的用户就可以将该作品下载到本地计算机上。上述过程,即由网络服务器将该作品传送到用户的计算机终端中的过程,就等同于传统意义上的一部作品的发行全过程。

(4)网络复制权

在传统版权法中,作品复制权是著作权的核心,也是版权人的一项重要财产权。它是指以印刷、复制、临摹、拓印、录音、录像、翻录、翻拍等方式将作品制成一份或多份的权利。随着网络传输这种新的作品传播方式的出现,复制的方式也出现了新的变化。一部作品一旦在网上传播,它就不可避免地包括两类复制行为:其一是作品的所有人将数字化的作品上载到网络系统后,网络服务器为使该作品能够被他人访问而完成的一系列自动复制;其二是访问者阅读作品时在本地计算机中完成的暂时复制等。关于复制行为的界定与约束问题有三种不同的声音:

a. 应该将暂时的和偶然的复制适用于"复制"的概念,不需要提出特别的限制和例外,如强调所谓"暂时的和偶然的"与"永久复制"的区别,也就是说,如果将用户通过计算机在网络上"阅读"某部作品界定为有别于"永久复制"的"暂时的和偶然的复制"而不加以任何约束与限制,那么所有下载网络文献的复制及阅读行为均不构成侵权。这样一来,对作品版权人利益的保护将无从谈起。

b. 应该将过于短暂的和偶然的复制从复制的概念中剔除。其原因在于:如果与阅读、浏览行为同步发生的复制行为遭到限制,公众就失去了网上浏览的自由,就会妨碍信息的自由传播;如果网络信息服务提供商由于无法察觉的系统自动复制而承担相关法律责任显然是有失公允的,这样无疑会损害他们投资信息服务业的热情,致使所有网上图书馆及远程教学也会受到冲击,从而损害公众利益。再者,如果在网上每一次传输以及随后的下载和屏幕显示都构成复制,那么无论网上浏览、转发等都必须获得版权人的授权,其结果必然使这种使用权与版权保护的一贯原则相冲突。

c. 暂时复制不应也不可能被排除在"复制"的定义之外,但应当在合理的情况下对于数字化和网络环境下的复制权做出适当限制。

三、信息网络传播权的阐释与界定

1. 信息网络传播权的提出

稍加分析便不难发现,以往的版权保护法规对"复制"行为的法律责任有明确的规定,但对"传输"过程却无相应的界定与约束。不言而喻,一部作品在网上传输势必会发生一系列的复制行为,但同步发生的传输本身所具有的动态性和交互性却是复制过程所不能涵盖的。因此,在网络上传播作品应由独立于复制权的另一项权利来界定与约束。

如何界定与约束网络上的作品传输，国际版权组织创设了一种新的权利术语——网络传播权。这个概念的问世是版权国际保护从“前网络时代”跨入“网络时代”的分界点。如前所述，网络传播的核心过程是传输。由于以往的法律条规并未就此作出界定，因而，“传输”这个核心过程中版权人的合法权益并未受到有效保护。需要指出的是，对网络传播权的界定与控制条款可以覆盖网络资源使用各相关因素与环节。一旦版权法规中确立了网络传播权（我国的相关法规定义为“信息网络传播权”），对网络资源版权所有者权益具有划时代的意义，遂使版权保护进入了一种新的格局。

有鉴于此，世界知识产权组织于 1996 年 12 月 20 日召开“关于著作权及邻接权问题的外交会议”，通过了两个世界知识产权组织版权条约和《世界知识产权组织表演和录音条约》，上述条约明确了版权人在网络环境下的网络传输权。为了与国际版权组织的法规体系接轨，我国 2001 年 10 月 27 日通过的现行《著作权法》修订案中增设了“信息网络传播权”条款。该条款规定：著作权及相关权利人享有以有线或者无线方式向公众提供作品，使公众可以在其个人选定的时间和地点获得作品的权利。信息网络传播权的提出为保护版权人合法权益提供了法律依据。这一法规概念与权利的提出，为保护版权人与数据服务商的权益，推动网络资源利用相关服务业的发展，提升全社会信息化的水平是至关重要的。

2. 信息网络传播权与网上发表权

数据服务提供商利用网络传播作品这一行为本身等同于在网上发表，而发表权属于版权人的专有权利。确认这一权利的目的在于明确：作品发表与否，或以什么形式发表，均属于版权人的权利，任何人不得擅用；否则，就侵害版权人的合法权益。因为任何擅自改变作品读者人数、接触时间与空间、发布方式都与版权人权益密切相关。除授权许可外，其他行为都构成侵犯作者的发表权（即决定作品公之于众的权利）。因此，除了版权人以外，他人均无权在未经授权的情况下擅自发表其作品。就版权人这一概念而言,除了作者以外,还应考虑与版权者合作的出版机构之间的法律关系。如果没有考虑这一因素,依然存在潜在侵权的可能性。

3. 信息网络传播权的所有者

作品的网络传播的实质是将传统形式作品转换成数字形式载体并通过网络进行传播。作品数字化的结果只是载体形式发生转换,并不具有任何实质性的创新因素,因而并不改变作品的权属性质。即数字化并不意味着信息网络传播权发生转移,后者仍属于版权人的专有权利,而不属于对作品进行数字化加工的数据商或图书馆。据此,我们可以认为信息网络传播权的所有者应当同原作品的版权主体一致,而不是作品数字化实施人。而版权人既可以是作者,也可以是从作者手中受让版权的其他人。在此,有一个问题需要加以确认,即版权所有人包括著作权人或作者受让版权的出版机构。因此,若要取得授权许可,还需要所有版权人都表示同意的法律文书。

4. 信息网络传播权的限制与例外

毫无疑问,思想和信息的自由交流对人类的进步和发展至关重要。因此,一方面要保护作者及传播者的权利以便使他们始终保持高昂的热情来从事这项事业;另一方面,要保护思想与信息的自由交流、满足公众获取信息的权利。这里讨论的版权保护就是试图对这两种相冲突的利益要求与权利预期进行立法调整,形成有效的制衡机制。显而易见,版权属于知识产权,如同其他一切权利一样,知识产权是相对的,其权益要求与利益保障应该受到合理的限制,原因在于:任何权利如果失去制衡的机制与环境,就会成为孕育着各种风险与危机的权利。然而,相关法规规定:对知识产权进行权利限制应该符合三个基本原则,也被称为“三步检验标准”。所谓三原则是指:①对知识产权的权利限制应该仅仅限于某些特殊情况(特例);②对知识产权的权利限制不应与权利的正常利用相冲突;③对知识产权的权利限制不应不合理地损害权利持有人的合法利益。这一基本思想在《伯尔尼公约》中就已经提出,WCT 和 WPPT 将这一重要原则适用范围扩展到有关数字资源建设中来了。

5. 利益冲突与信息网络传播权的授权许可

应该指出的是，尽管数字图书馆从事的信息传播是公益性行为，但也不可能毫无顾忌地使用他人作品（即公然侵犯作者的信息网络传播权）。当人们面临如何解决为社会服务的公益性的问题时，版权人普遍主张解决服务的公益性问题不应该由版权人买单，而应由国家投入来开展非赢利性的公益性服务。为了促进数字图书馆的发展，在拟议中的《图书馆法》中应有规定数字图书馆法定许可的条款，其具体的思路是应由国家给予版权者一定的经济补偿以保证其服务正常开展。然而，无论今后出台相关法规会作出什么规定，由政府承担全部费用的可能性几乎不存在。因此，数字图书馆建设过程中寻求版权者授权都会是其中的应有之意。

四、获得授权许可的途径与方式

如前所述，按照现行可依据的法律条款，除有特别规定外，数字图书馆只有获得版权人的授权才能将作品进行上网传播。取得授权许可的途径与方式主要有以下两种：

(1)与出版社合作取得作者授权

出版社作为专业机构具有明显的出版资源优势。数字图书馆建设中，数据商可以与出版社建立战略合作关系，即由出版社与其作者群协调，一次性解决批量作者的授权，可以达到事倍功半的效果。

(2)通过与著作权集体管理机构合作取得授权

著作权集体管理组织是作者与作品使用者的“媒介”，它受作者委托行使监督作品使用状况的权利。其中也包括与潜在合作者洽商合作事宜，同时也从中获取一定的利益。通过著作权集体管理组织这一中介元素的作用形成一种有效的合作机制，不仅作者的版权得到了有效的保护，数据商与图书馆也免去了直接寻求作者授权所面临的困难。

第三节　数字资源版权保护技术及其规避的法律约束

一、法律保护与技术防范

近年来,国内外业界越来越多的事实表明:络绎不绝的信息网络传播侵权纠纷无可辩驳地反衬出法律手段的软弱无力。为了更好地保护自身权益,权利人开始寻求在法律保护体系之外构筑一道技术屏障,即采用技术措施来加强对作品权益的维护。有鉴于此,版权保护的技术层面得到了越来越多的重视。虽然,业界目前还没有一种技术措施因足以实现事前防范的目的而得到广泛认同,但人们逐渐认识到:利用合理的技术措施加以防范与法律手段惩戒相结合,才能有效地警示各类潜在的违反游戏规则群体,进而可望有效控制网络资源侵权问题。诚然,保护技术措施必须是"行之有效的",所谓"有效"是指权利人通过访问控制或保护程序,如密码、扰频、作品或标的物的转变或副本控制机制等手段达到保护目的。图书馆可以合理选择与利用这些技术手段来避免开展服务过程中潜在的版权纠纷。总之,网络环境下的版权保护是数字图书馆建设一个无法回避的问题。只有法律保护与技术防范并举,才可望在防止信息网络传播侵权方面真正有所作为。

二、数字图书馆版权保护技术

基于上述原因,20 世纪 90 年代以来,数字图书馆版权保护技术发展得到迅速发展,各种技术系统各具特色,其主要目的都是为了实现访问控制和使用控制。目前,国内外较为流行的版权保护技术主要分为三大类:即安全容器技术、、数字水印技术、、移动 Agent 技术。三者各有所长,互为补充。

除了上述手段与方式以外,专业人员还发现一些方法可以达到同样目的:如加强权限设置,即给合法用户设置用户权限和口令,不仅防止不在授权范围内的网上用户非法使用这些信息,而且也防止合法用户使用非权限内的资源。此外,还有客户认证技术 CA(ClientAuthentication)以及构建安全子网等技术。前者包括身份认证和信息认证这类保护网上信息传播安全的重要技术;后者即设置一道“防火墙”,有效地将互联网与内部网隔开,防止非网络内部的人员对内部网信息资源的非法访问。

如前所述,层出不穷的网络资源的版权保护单纯依靠技术手段与措施显然是不够的。其原因在于:随着数字技术飞速发展以及巨大的市场利益诱惑,各种通过密码破译和反向工程来规避这些技术措施的各种技术系统都会不断出现。目前,国内外均出现了一些通过各种方式针对版权保护技术措施的规避行为,并由此引起了新的一轮法律纷争。如果没有相对有效的法律手段加以制约,版权保护的总体格局依旧不能奢望有什么实质性的改观。

三、国外对相关技术规避行为的法律约束

有关研究表明:国际社会对相关技术规避行为相当关注,已对这方面法律约束问题做出了很多努力,并且取得了一定的进展与成效。在此,仅以美国为例来分析讨论相关问题。1995 年,美国公布的《知识产权与国家信息基础设施》白皮书。该白皮书规定:“除非对用于禁止或限制未经授权使用作品行为的技术程序和系统提供必要的法律保护,否则,技术保护措施同样也不会有效”。1996 年 12 月 20 日通过的世界知识产权组织版权公约(WCT)第 11 条也规定了各成员国关于保护技术措施的义务:“缔约各方应规定适当的法律保护和有效的法律补救办法制止规避由作者为行使本条约所规定的权利而使用的对就其作品进行未经该有关作者许可或未由法律准许的行为加以约束的有效技术措施。”目前,我国法律尚没有相关规定。就此而言,国际社会已经确立的相关立法和经验值得我们借鉴和思考。

当人们深入思考这一问题时,我们难免会面对这样一个问题:法律对于规避行为的追究如何操作更为有效?应着眼于破解行为还是应该扩展到用于破解的设备?如仅仅禁止基于侵权目的的破解行

为,那么著作权人在现有法律范围内就可以通过起诉侵犯版权来解决这个问题。实际上对于版权人而言真正的威胁不是来自个别的单纯的破解行为,形成真正威胁的是破解设备的生产和扩散等行为。单个行为人的破解行为一般来说危害较小,只要未形成软件、硬件产品或技术就不会构成对版权人的大规模侵害。实际上,禁止破解设备的生产、销售和扩散比禁止使用破解设备容易付诸实施。

值得注意的是,相关法律制度体系对于受保护的技术措施的范畴应予以明确规定的同时,还应防止对技术措施的滥用,必须把技术措施的使用限制在合理的范围内;另外,使用技术措施的对象也只能是其享有权利的信息,而不能对其不享有的权利或处于公有领域的信息滥用技术措施。总之,对技术措施的保护要遵循平衡原则,既要兼顾版权人和读者双方的利益,更要保持技术措施实施与公众利益的协调与平衡。

第四节　利益平衡:我国信息网络传播权保护法规的基本前提

毋庸置疑,就促进社会经济文化事业的发展而言,保护创作富有原创性的科学文化艺术作品的作者及传播者的权利是重要的,同时,鼓励信息的自由交流、满足公众获取信息的权利以及合理保护我国信息产业的发展也是重要的。适度的版权保护无疑会推动经济文化等的有序发展,而缺乏制衡机制的版权保护将会造成版权人的利益诉求无限制放大,从而引发更深层次的社会冲突。因此,有关版权保护的探讨不仅仅停留在单纯的版权保护研究,而是立足于如何调整作者、作品的利用人与社会公众之间的利益关系,在三种相冲突的利益之间寻求一种适当的平衡。即通过探讨相关法规应如何通过保护与限制著作权和领接权的方式形成作者、传播者和社会公众之间的利益平衡机制。

一、利益平衡:社会协调发展的需要

总体上看,知识产权法规的价值就在于充当知识产权占有者与社会公共利益的“调节器”,在版权保护与多方利益平衡两者的博弈中促进全社会的文学、艺术和科学文献的繁荣;就此而言,建立相应的版权利益平衡机制既可以激发作者与数据商的欲望与热情,也可以推动与促进社会公众对这些资源的有效利用,降低版权的机会成本。因此,在我国的信息产业发展的初始阶段,版权法的保护机制应当根据我国的具体国情,在信息使用与传播过程中,以引导和促进科技文化事业的发展为前提,稳步构建信息传播利益平衡机制。如前所述,就版权立法在维护权利人利益以及公共利益的平衡而言,最终目的应是促进全社会的文学、艺术和科学文献创作与传播的繁荣,这是制定版权法规体系的最终或根本目的。因此,可以想见,适度的版权保护对一个国家经济文化等的发展具有引导作用,而过度的版权保护所衍生的信息垄断会极大地限制与束缚我国信息服务业的发展进程。

毋庸置疑,机会均等地获取信息或共享信息是现代社会每一个公民所拥有的权利。版权体系是规范文化信息传播行为的必要的手段。因此,在21世纪的信息社会中,一方面应依赖立法机制建立版权保护与社会信息资源共享之间的利益平衡机制,同时,也要强化对社会成员的信息素质教育。后者不仅包括有关知识与技能,更重要的是,还包括信息文化的其他重要因素,通过版权保护意识以杜绝与防范随时可能发生的侵权行为。后者是信息文化环境中孕育的一种自律的行为规则。而版权法体系从客观上规范人们相关行为的社会合法性,以确保信息经济的有序运行,两者并存,互为补充。只有形成这样一种格局才可望构成对社会公众的有效约束,从而有效地维持网络环境下版权所有者权益与社会公众利益的平衡。

二、我国出台相关法规《信息网络传播权保护条例》

为了与国际版权组织拟订的相关法律法规接轨,经过几年的酝酿,我国近期出台了《信息网络传播权保护条例》(见附录二)。该条例的出台标志着我国网络信息服务业的发展从无序走向有序,进入一个新的历史阶段。如果认真研读这一重要法规,我们不难看出它的制定与执行过程中所依循的若干基本原则:著作权立法的根本目的在于调整版权人、信息服务提供商、图书馆与社会公众之间的利益关系。为此,各国著作权法都通过限制著作权、邻接权的方式达到作者、传播者和社会公众之间的平衡。这种限制具体表现为合理使用与许可制度。

众所周知,迄今为止已问世的法规体系中,大多数国家相关法规对权利的限制只适合于传统环境。如果有人追问这种限制条款是否也适合于网络环境,回答是否定的。我国酝酿多年、新近出台的《信息网络传播保护条例》(以下简称《条例》)就是针对上述问题问世的,其主要特点如下:

1. 权利限制规定方面遵循的主要原则

(1)从中国国情出发,充分考虑公众利益与产业发展的需要,立足于保护信息服务提供商合理的利益要求,使信息服务业具有一个良好的生存与发展环境,以激励发展商持续保持从事此项事业的热情,从而有效推进信息服务业这一信息产业的发展,缩小我国与发达国家在这一领域中的差距。

(2)充分考虑著作权法关于权利限制的规定,即第二十二条的合理使用与二十三条、三十二条、四十二条、四十三条法定许可所表达的一些原则,拟定与这些条款所阐释的基本思想与原则相吻合的、且具有可操作性的实施规范。

(3)适当参考国际社会有关条约的规定,以保证在实施过程中与国际版权组织相关立法的吻合与接轨,特别是两个新条约的相关规定:“许缔约各国将国内中以《伯尔尼公约》被认为可接受的限制与例外继续适用并延伸到数字环境中。同样,这些规定应被理解为许缔约方制定对数字环境适宜的新的例外与限制。"即相关限制条款的执行过程中严格遵循由《伯尔尼公约》所规定的限制和例外的可适用范围。只有这样才可望保证与国际社会的协调与合作,使《条例》成为国际社会认同的法规条规,以适应中国与国际社会日益广泛交流与合作的需要。

2. 在上述基本原则的指导下,《条例》对权利的限制作了如下规定

(1)参照著作权法的规定,规定了8项网络环境下的合理使用;

(2)专门规定了网络远程教育的法定许可制度;

(3)专门规定了公共图书馆在网络环境下的法定许可制度;参照最高人民法院司法解释,规定了文字、美术、摄影作品在网络环境下的法定许可制度。

显而易见,这些规定在规范有关各方的行为准则的同时,充分考虑保护与平衡各方的需求与利益的相关因素,从而有望为我国信息服务产业的迅速发展提供一个良好的外部环境。由于它的出台将有助于平抑各种潜在的社会矛盾,有利于推动有关各方的协调发展,从而具有良好的综合效应。它的实施将有助于从总体上促进社会文化、科学、经济事业的发展,进而有效地促进我国建设和谐社会的进程。

3. 关于技术措施问题

如前所述,技术措施是保护权利人权益,尤其是网络环境下不受侵害的安全保障机制。权利人为了保护自己的权利,往往在作品或者录音录像制品上采用一定的技术措施控制来防范非法作品的传播,以确保其投入能够得到回报。显然,这里又产生了一个新的问题——技术规避。因此,在网络环境下,如不就禁止技术规避措施作出相关规定,就无法保证作品网络传播过程中版权人著作权与邻接权的安全。

稍加分析,便不难看出:《条例》关于技术措施条款的起草主要

参考了两个新的国际条约的相关规定,后者中相关条款规定仅要求制止规避技术措施的行为(规避行为),而没有要求制止制作、销售、进口规避行为(准备行为)。其原因在于对于所谓技术措施的界定,各国学者与官员们争执不休,暂时无法统一,故无法确认技术准备行为是否应纳入技术措施及其规避的范畴。因此,上述条约都将这一问题暂时搁置,留待以后有望达成广泛的共识时再议。与此相仿,为了降低执行难度,《条例》也没有将限定范围延伸至所谓准备行为,也就是说暂时未对此问题从源头进行规范与约束;现阶段以层层推进的思路操作。而将寻求根本性解决办法的思路留待时机更为成熟时再议。

稍加分析,便不难看出,《条例》对技术措施的规定包括如下几个方面:

(1)对技术措施进行了定义,并且考虑到技术措施的主体并不限于权利人,而是将此延伸到专有使用权人。这个概念外延的扩展有助于《条例》的合理实施,在一种更加严格的意义上避免了潜在纠纷出现的可能性。

(2)参照两个新的国际条约标准确定了禁止规避行为。

(3)规定了5项技术措施保护的例外,如为商业目的进行的信息网络上的加密研究、浏览技术、过滤技术等。

(4)技术措施设置人不得滥用权利。

总的来说,这些规定基本上沿袭两个新国际条约相关规定,确保中外网络资源知识产权保护体系相对吻合与一致,同时也兼顾国内的市场环境的基本态势,使其在国内现有环境下也具有相对合理的可操作性。

4. 关于权利管理电子信息

一般意义上讲,所谓权利管理电子信息主要包括识别作品、作品作者以及作品所有权利人的信息。这些信息是作品使用时的重要标识,也是知识产权保护实施过程的基本依据,不得以任何理由与方式故意去除,一旦这样做了,就严重扰乱了市场秩序。《条例》界定了权利管理电子信息后，明确禁止两类行为：

（1）故意去除或者改变权利管理信息的行为；

（2）故意发行，为发行目的进口、广播或向公众传播明知已被未经许可去除或者改变权利管理信息的作品、表演或录音制品的行为。

不言而喻，这是任何作品实施产权保护的基本前提，也是有关法律条规的应有之意。故不在此赘述。

5. 关于网络服务提供商的责任限制

如前所述，制定相关法规如何尽可能既不违反版权保护的基本原则，又不阻碍信息服务业的发展是世界各国面临的共同问题。因此，多数发达国家法规体系相关条款规定：对于仅仅提供技术服务的网络服务提供商提供一种所谓“避风港”之类的法规尺度，即一旦发生著作权纠纷，先向网络服务提供商提供免责的机会，如果服务商尽到一定义务，则不追究其侵权责任。显然，这是一种具有导向性的法规条目。其宗旨无非是保护网络服务提供商的基本利益。西方发达国家尚且如此，作为处在信息服务业发展初级阶段的我国则应该有更强有力的保护举措。

美国1998年通过的《数字千年版权法》首次对网络服务提供商的四种行为（短暂传输、系统缓存以及应用指示在系统或网络中存储信息、搜索）纳入保护范围。欧盟2000年通过的“电子商务指令”对网络服务提供商的三种行为进行了同样的规定。制定类似规定的还有日本、德国、瑞典、匈牙利、爱尔兰、新加坡等国家。事实证明，这些条款的出台，有效地保护了网络服务提供商的利益，激励着他们在信息服务业进行持续稳定的投入的热情，推动了上述各国信息服务业的迅猛发展。不言而喻，这些举措对于培育我国信息服务业的市场环境是非常必要的。

基于这样一种基本思路，《条例》对网络服务提供商的法律责任作出了如下规定：

（1）仅通过自动技术过程提供网络内容的存储或者搜索服务，在一定条件下不承担损害赔偿法律责任；

(2)移除特定内容的网络服务提供商在一定条件下不承担违约责任。

三、结语

综上所述,笔者认为:缺乏总体把握,而一味地打压或纵容信息网络传播权博弈中的任何一方的利益要求都是不可取的。《条例》的上述规定有助于建立一个各方都能接受的平衡点,从而真正在保护与平衡各方需求与利益前提下,实现各方共赢。就此而言,《条例》的出台确实为我国信息产业的迅速发展提供一个良好的外部环境,从而有助于从总体上促进社会文化、科学、经济事业的协调发展,而这种局面是构建和谐社会的重要组成部分。

参考文献

1　陈传夫. 关注信息领域的知识产权利益平衡问题. 图书馆学、信息科学、资料工作,2003(4)
2　陈传夫. 防止知识产权对公共利益的损害. 情报资料工作,2002(6)
3　宋立娟. 正与负:新的著作权法对图书馆之影响. 情报资料工作,2003(5)
4　蒋永福,陈丽君. 数字图书馆建设中的版权困境及其对策. 情报资料工作,2003(3)
5　杨锐. 信息资源的网络管理风险——网络知识产权保护. 情报杂志,2001(1)
6　刘春年,高家望. 论冲突中的信息道德与信息法. 情报资料工作,2002(2)
7　秦柯. 论图书馆在数字版权保护中的权利、责任、义务与法律责任. 现代图书情报技术,2005(9)
8　朱丹君. 数字图书馆版权保护问题研究. 情报科学,2004(4)
9　朱丹君. 数字图书馆与版权保护的互动关系. 图书馆理论与实践,2005(5)
10　李国新. 图书馆在著作权问题上的理念、权利与行动. 大学图书馆学报,2005(2)
11　邱均平. 数字图书馆版权保护技术及其规避行为的法律对策. 图书馆建设,2003(1)
12　张天霞. 网络信息时代图书馆版权保护适度性探讨. 绍兴文理学院学报,

2005(3)

13 刘玉照,杜言.关于网络信息知识产权保护.情报杂志,2003(3)

14 冉从敬.网络信息资源知识产权法律关系研究.武汉大学硕士研究生学位论文,2004

15 刘铁军.网络信息知识产权保护.吉林大学硕士研究生学位论文,2005

第六章　质量管理与绩效管理:复合图书馆管理思想构架

第一节　图书馆管理理论与 ISO 11620

一、导言

20 世纪以来,国内外图书馆管理理论研究已日趋深入,其深度与广度已经达到相当的水准。从广义上看,图书馆管理学的研究对象是图书馆管理活动。它主要包括三个层面:

(1)图书馆管理涉及三大要素:管理层、馆员、资源建设及服务平台。后者主要包括馆藏资源(纸质图书以及电子文献资源)、服务体系、软硬件系统等。

(2)从流程来看,图书馆管理过程应包括以下环节:计划、组织协调、控制与反馈、公共关系等。

从广义上讲,图书馆管理理论所涉及的一些基本理论问题,也是目前国内图书馆管理理论研究较为关注的一些问题。同时,也可以说是传统图书馆管理理论框架下的一些比较重要的问题。但是,随着我国进入知识经济时代,这些问题不可避免地被注入新的意义。这一章以及后续几个章节都会沿着这条思路讨论下去,其宗旨就是为网络数字时代的图书馆——复合图书馆管理提出一些新的理念与管理模式。不言而喻,管理与评估及其指标体系是密不可分的。为了更为准确地把握图书馆管理思想的演变,在此将着重讨论几个评估指标体系问题。

二、ISO 11620 解读

1998 年 4 月 1 日,国际标准化组织信息与文献技术委员会统计和绩效评估分会(ISO/TC46/SC8)颁布了 ISO 11620:1998——《信息与文献—图书馆绩效指标》(Information and Documentation—Library Performance Indicators)和 ISO 2789:2003——《信息与文献—国际图书馆统计》(Information and Documentation—International Library Statistics)两个有关图书馆的国际标准。2003 年,ISO 11620《信息与文献——图书馆绩效指标以及补充本 1:补充指标(Information and Documentation—library Performance Indicators AMENDMENT 1:additional performance indicators for library)出台。这一修订版补充了第一版所没有包括情报服务、用户教育、电子媒体的提供等指标。它说明:ISO 11620 的制定是一种开放式动态过程,随着需求的变化和图书馆业务的演变,仍然需要不断地进行完善修订和补充。尽管如此,它的提出为各类图书馆绩效评估提供了一个很好的参照系。

目前,ISO 11620 已完成的图书馆绩效指标分 3 类,计 29 项,具体包括:

(1)读者感知类(user perception)指标

指标 1:读者满意度(user satisfaction)

(2)读者服务类(public services)指标

指标 2:图书馆使用率(percentage or target population reached)

指标 3:服务每位读者的平均成本(cost per user)

指标 4:每位读者每年进馆次数(library visits per capita)

指标 5:服务每位到馆读者的平均成本(cost per library visit)

指标 6:图书资料可获得性(titles availability)

指标 7:读者所需图书资料的可获得性(required titles availability)

指标 8:读者所需图书资料占馆藏的比例(percentage of required titles in the collection)

指标9:读者所需图书资料的延伸可获得性(required titles extended availability)

指标10:每人每年图书资料馆内使用量(in – library use per capita)

指标11:馆藏利用率(document use rate)

指标12:闭架式馆藏查寻所需平均时间(median time of document retrieval from closed stacks)

指标13:开架式馆藏查寻所需平均时间(median time of document retrieval from open access areas)

指标14:馆藏平均流通次数(collection turnover)

指标15:每人每年图书资料借阅量(loans per capita)

指标16:特定时间内每人平均图书资料借阅量(documents on loan per capita)

指标17:每次图书资料流通的平均成本(cost per loan)

指标18:每位馆员年平均流通处理量(loans per employee)

指标19:馆际互借处理速度(speed of inter – library loan)

指标20:参考问题回答正确率(correct answer fill rate)

指标21:书刊名检索的成功率(title catalogue search success rate)

指标22:主题检索的成功率(subject catalogue search success rate)

指标23:设备的可使用性(facilities availability)

指标24:设备利用率(facilities use rate)

指标25:阅览座位利用率(seat occupancy rate)

指标26:自动化系统的可使用性(automated systems availability)

(3)技术服务类(technical services)指标

指标27:图书资料采购进馆的平均时间(median time of document acquisition)

指标28:图书数据处理的平均时间(median time of document

processing)

指标 29:每一笔书目编目的平均成本(cost per title catalogued)

应该说,这个标准制定过程是非常严谨的。其中,对每一项指标的名称、设置目的、应用范围、具体定义、计算方法、影响指标的解释和因素、该指标的出处、该指标的相关指标等都有详尽的描述。尽管如此,有一点还是应该注意:在图书馆评价中,必须灵活运用该标准,将自我评价及自我诊断放在明确的位置上,要结合各个图书馆的状况及问题,选择、取舍指标。关键问题在于:紧紧抓住如何反映图书馆的核心竞争力——知识收集、加工、组织与提供服务能力优劣等问题展开相关工作。

三、ISO 11620 与用户至上的理念

与 ISO 其他系列的质量管理标准所不同的是,ISO 11620 旨在界定一个作为一个服务体系的图书馆的资源利用效能。因此,它开宗明义地指出图书馆是“以收藏文献信息并通过员工的服务来促进这些文献信息的利用,满足读者的信息、研究、教育或娱乐需要为主要目标的组织或组织的一部分”;该标准制订图书馆绩效指标的目的“是行使其作为工具的职能来评估图书馆所提供的服务和开展的其他活动的质量和效力,并评估图书馆为开展这些服务和活动所配置资源的效率”。由此,我们可以清楚地看出提出标准的直接目的就是为了提升图书馆的服务质量和效力,提高服务资源的利用效率。作为考察一个服务体系运行状况与效能,首要的判断标准就是能否满足读者需求,也就是时下业内的流行语——“以用户需求为导向”。正是基于这一点,ISO 11620 的第一个评价指标就是“用户满意度”。这个指标主要反映用户对图书馆公共服务或图书馆的整体服务的满意程度,评价范围包括:开放时间、阅览条件、可资利用的馆藏、馆际互借服务、参考咨询服务、读者培训、馆员服务态度、图书馆服务总体印象等。如前所述,评估应该紧紧抓住如何反映图书馆的核心竞争力——知识收集、加工、组织与提供服务的能力的优劣问

题,而衡量这些的标准是一个系统。其中首要的指标系是读者感知类的读者满意度,也就是说,无论你引进多么科学与复杂的评价体系,都不应该回避“读者感知类”这个最直观且最重要的指标系的评判。

毫无疑问,引用这样一种管理理念进入图书馆的服务体系运行状况与效能的评估在我国图书馆管理理论研究方面是一种创新,用“读者感知类”的读者满意度作为评判管理与服务效能的首要指标系将会对图书馆管理理论产生极为深远的影响。从某种意义上讲,这标志着图书馆的主要职能的转变。其衡量服务结果的评价体系不再是由内部衍生的一些条规,而直接就是服务对象的感觉。

第二节　图书馆评估指标体系与读者服务功能的提升

20 世纪 90 年代以来,海南省教育主管部门领导清醒地认识到:就服务与运行的总体态势而言,高校图书馆与信息时代的要求、与全省高校教育科研对文献的需求、与特区经济发展的要求均存在较大的差距,遂对图书馆建设发展予以高度关注。近 10 年来,尽管资源条件相对匮乏,在省教育厅的统一组织和领导下,全省高校图书馆“联合共建、协调发展”,使其自动化、网络化以及数字化建设相继取得了令人鼓舞的进展。总体上看,全省高校图书馆依托校园网和中国教育网,实现联机检索、联机编目、联机借阅等,同时,组建了海南省高校文献信息中心。各馆合作开发了“海南地方特色数字资源库”及“海南学术网络信息导航系统”等项目建设,其中,网络环境下开展的馆际互借服务模式开创了“一卡通网上借还”之先河,得到 CALIS 管理中心领导以及业界同仁们的关注与好评,在国内高校图书馆界有一定影响。这些项目的实施使本省高校图书馆进入了新的发展时期。

总的来说,在省教育厅等政府部门的统一领导下,各馆认识高度统一,在资源共享体系建设方面形成了一定的特色与优势。但是,由于地方政府投入较少，而且各校也很不平衡，使整体水平参差不齐，虽在某些项目建设形成一些特色，但优势与特色项目少，覆盖面小，且开发深度不够，故总体服务效益还不理想。因此，在资源与条件无法根本改观前提下，如何提升高校图书馆的整体服务效益成为摆在主管部门、管理层与馆员面前的一个极为重要的问题。教育厅领导以及省高校图工委经过反复研究，决定以“评估”为契机，通过迎评促建的过程从总体上调整建设思路，使建设重心从资源建设转向提高应用服务效益。为此，海南省教育厅于2004年组织由省内专家组成的课题组按照教育部有关文件精神编制了《海南省高等学校图书馆评估指标体系》（以下简称《指标体系》，详见附录三）。应该说，该《指标体系》的编制与实施对海南省高校图书馆的建设与发展起到至关重要的作用。以下就该《指标体系》的主旨、基本原则以及对全省高校图书馆的发展的影响与作用进行简要讨论。

一、《评估指标体系》基本思想

如前所述，该《评估指标体系》吸纳了ISO 11620的“以用户需求为导向”的管理理念，在整个构架中将“如何满足读者需求”给予了特别关注。具体如下：

(1) 突出以服务为主导的基本原则

与教育部的评估方案以及其他省高校图书馆评估指标体系不同的是，海南《评估指标体系（试行）》按功能将5个一级指标划分为办馆条件评估和办馆水平评估两个部分，每个部分的满分均为100分。在办馆水平评估中的一级指标共有4个：“文献资源建设”、“自动化、网络化、数字化建设”、“读者服务”和“科学管理”，其中“读者服务”的权重最高，分值达到35分，这从总体上体现了图书馆是以服务为主导的基本原则。此外，为了抓紧读者感知类的“读者满意度”，该《评估指标体系》十分注意服务功能的涵盖面；在一级“读者服务”之下，在业务服务方面增加了网上服务的比重，新增了网上预约、催还和续借服务，网上电子公告，论坛园地，读者意见箱，网上参考咨询服务等,这些项目延伸和拓展了传统图书馆的服务功能。在其他服务项中,新增了向社会读者提供文献信息服务、开展各类学术活动(举办学术讲座、报告会、研讨会等),举办各类培训教育、开展各类文化活动、提供其他辅助性服务(如提供餐饮服务、娱乐休闲活动、售书、文化用品等),这些项目扩大了服务的涵盖面,有益于读者对图书馆服务系统总体印象的提升。

(2)将“读者满意度”纳入评价指标

依照ISO 11620在整个框架中凸显读者满意度的基本思想,海南省《评估指标体系》在一级指标“读者服务”下设的二级指标“读者评价”中,增设了“与读者沟通及改进工作”及“馆务公开及读者满意度”两个三级指标。就“与读者沟通及改进工作”而言,旨在通过座谈会、问卷调查、意见箱及电子信箱等互动形式建立反馈与监督机制,以求根据读者的意见和需求持续改进工作,从而最大限度地接近以“用户需求为导向”的目标。其次,“馆务公开及读者满意度”指标拟以读者满意度来评判图书馆的服务,这两项指标直接与ISO 11620中的“读者满意度”接轨,充分体现读者参与图书馆服务体系评估这一基本趋势。

(3)以服务为主导的原则贯穿整个指标体系

在《评估指标体系》中,“以用户需求为导向”的原则不仅仅集中体现在“读者服务”一级指标中,而且贯穿整个《指标体系》之中。在《评估指标体系(试行)》的其他一级指标和二级、三级指标及评分项目中,如办馆条件中的文献拥有量、馆舍面积和阅览座位数,在办馆水平中的馆藏量、电子文献数、文献利用、馆际互借、检索微机数、电子阅览室微机数、开放时间、网络服务时间等以及文献加工周期、数据库质量等共计91项都与服务于用户,服务于读者有关。因此,我们可以说以服务为主导的原则贯穿整个指标体系是这一指标体系的又一亮点。

(4)注重网络环境下读者服务功能与水准的评价

网络化、数字化建设中的图书馆评估完全不同于传统的图书馆,其评估要从图书馆引进数字资源、信息技术与服务平台的构建入手,考察网络环境下图书馆运行和服务的水准。因此,该《评估指标体系》制定时比较注意这个问题,其网络化信息服务水平与信息利用率等都占有比较重要的地位,具体指标设计也比较到位,使整个指标体系能够全面地反映各馆在网络化、数字化建设与服务水准方面的优势与差距。

二、《评估指标体系》对高校图书馆建设的推动

众所周知,传统的图书馆评估指标体系非常注重对资源建设方面的考核与评价。而前述《评估指标体系》由于注重读者服务以及相关的读者满意度,从而为图书馆的建设与发展注入了新的思路。即经过多年来的网络化、数字化建设,各馆在资源条件配置方面已经奠定了一定基础,故现阶段的建设重心应从资源建设走向如何提升服务体系的效能,力求在资金投入基本相当的前提下,拓展服务功能,提升服务水准。2004 年以来,各馆依循拟议中的《评估指标体系》的原则精神,以迎评促建为契机,以合理配置资源为前提,以提升服务效能为宗旨,多层面地拓展了在网络环境下的服务能力。为了从总体上进行评价,笔者对海南省 8 个有代表性的高校图书馆的主要服务项目及基本状况进行了调查。调查结果表明,各高校馆的服务体系效能有了明显提高,主要表现在以下几个方面:

1. 形成多层次的服务体系

经过多方努力,各馆在网络环境下开展各种服务的手段与方式明显增多,通过网络环境开展多种形式的馆际合作(馆际互借、文献传递、联机检索等),以及自建数字资源与互动式服务平台,形成多层次的服务体系,遂使各馆文献保障能力得到明显提高。具体情况见表 6-1 与表 6-2。

表6－1　各馆开展的相同服务项目一览表

学校／服务项目	海南大学	华南热带农业大学	海南师范大学	海南医学院	琼州学院	海南职业技术学院	海口经济职业技术学院	三亚航空旅游职业学院
书目查询	√	√	√	√	√	√	√	√
电子图书	√	√	√	√	√	√	√	√
全文数据库	资源丰富	资源丰富	资源丰富	资源丰富	资源一般	资源贫乏	资源一般	资源贫乏
特色数据库	√	√	√	√	√	√	√	√
学科导航	√	√	√	√	√	√	√	√
馆际互借	√	√	√	√	√	√	√	√
文献传递及服务规模	大	大	中	中	中	小	小	大
新书通告	√	√	√	√	√	√	√	√
读者培训及课件上网	√	√	√	√	√	√	√	√
热线连接	√	√	√	√	√	√	√	√
读者答疑	√	√	√	√	√	√	√	√

表6－2　各馆开展的不相同服务及读者沟通项目一览表

学校／服务项目	海南大学	华南热带农业大学	海南医学院	海南师范大学	琼州学院	海南职业技术学院	海口经济职业技术学院	三亚航空旅游职业学院
多媒体阅览室	√	√	√	√	√	√		√
二级图书馆	√							
学科馆员	√							
预约通知	√	√	√	√				
报纸导航		√		√				
光盘数据库	√	√	√	√	√			
网上续借	√	√	√					
到期催还		√	√			√		
统一检索	√							
网上电子公告	√	√	√	√				

（续表）

学校 服务项目	海南大学	华南热带农业大学	海南医学院	海南师范大学	琼州学院	海南职业技术学院	海口经济职业技术学院	三亚航空旅游职业学院
网上参考咨询服务	√	√	√	√				
定题服务		√		√			√	
论坛园地	√	√	√	√	√			
读者反馈电子信箱	√	√	√		√			√
读者座谈会		√		√		√		
读者问卷调查	√	√	√	√	√	√	√	√

2. 信息服务和网络服务紧紧围绕着社会的需求和学校的学科建设，开创了良好的局面

各高校图书馆充分利用网络环境开展多层次、全方位的网络信息服务，为教学和科研服务不断开拓新的领域、不断扩展新的内涵。各馆将网络虚拟资源与馆藏实体资源进行整合，建立学校重点学科导航数据库，开展以科技查新、定题服务主导的咨询服务，为学校的学科建设提供高层次的信息服务。海南医学院图书馆利用本馆的文献资源和人力资源的优势，建立图书情报一体化的新体制，创办专业科技项目查新咨询站，走出校门为社会服务，获得了突出的社会效益和经济效益。海医图书馆是海南省唯一的省、部两级医药卫生科技项目查新咨询单位，每年完成科技查新项目达150项左右，还建立了“海南省医药卫生科技查新项目与成果管理数据库”，使科技查新工作的管理更加规范化和科学化。

3. 建立通畅的读者反馈渠道以求根据读者的意见和需求持续改进工作

各图书馆为了提高服务质量和服务水平，不断扩展与读者沟通的正常渠道，除了采用意见簿、读者座谈会、问卷调查等外，还利用网络开设电子意见箱和在线答疑等具有现代实时交流和互动功能的沟

通渠道,使得图书馆服务更加具有针对性和人性化。在此次实地测评中,读者对图书馆工作人员服务态度的满意度相对较高,海医最高达到96.2%,其次为华农大86.7%、海大82%。

4. 管理制度规范,管理体系创新

各馆在贯彻和执行《规程》过程中,不断充实和完善业务规章制度、服务规章制度和管理规章制度,使图书馆的工作走向规范化和制度化。海南大学图书馆紧紧把握一个准则:在图书馆管理中工作质量是"工作数量、工作质量、工作时限、工作效益"协调发展的核心理念,推行全面质量管理,使图书馆的业务工作和服务工作管理流程化,对业务工作和服务工作过程环节全面实施质量监控。

不言而喻,所有这些对于提升图书馆在网络环境下的服务效能与水准,改善各种层次读者的满意度是非常必要的,且已取得了明显的成效。

三、关于持续改进服务水准所面临的问题与对策

如前所述,近年来,海南省高校图书馆在"迎评促建"过程中,在拓展服务能力,提高服务层次方面取得了明显的成效。但是,与国内其他地区同类高校相比,总体上还存在明显的差距。主要表现在如下方面:①各校投入不足,生均图书拥有量不达标,设备陈旧;②各馆的电子资源的管理和利用,以及实体资源与网络虚拟资源的整合普遍比较薄弱;③服务效益不高,读者满意度总体偏低。

因此,笔者认为:在"十一五"期间,从海南省目前状况来看,短期内大幅度增加投入的可能性不大。为了改变全省高校馆的服务能力相对薄弱的状况,各馆应继续以《指标体系》为指南,转变以往"重资源建设、轻服务功能;重购置,轻整合"的办馆理念,着眼于更深层次的服务资源配置、平台搭建、绩效评估等问题,以全面推进服务工作持续改进。

1. 努力改善服务体系可资利用的资源条件

为了最大限度地满足读者需求,只能立足现有条件改进资源建

设状况,具体设想如下:

(1)联机采访

加强文献采访协调能力,在现有情况下探索高校馆"联机采访"运行模式;同时,采取有效的运行机制,推进不同系统之间的图书馆资源共享体系建设进程;以降低文献资源建设成本,大幅度提升各高校馆文献信息资源常规保障能力。

(2)强化数字资源的整合,进一步提高网络信息服务的水平

积极开展馆藏实体资源与网络虚拟资源、数字资源的有效整合和合理利用、数字资源共享平台与技术的探索和实践,改善和提高数字资源的利用环境和利用效率。

①馆藏资源数字化:根据服务的需要将馆藏印刷型文献数字化提供给读者使用。

②网络虚拟资源馆藏化:利用网络虚拟资源为读者提供服务的一种方式,其主要途径就是将网络资源下载到本馆的特定数据库中为读者提供服务。

③不同载体文献一体化:基于 OPAC,将馆藏的不同载体的实体资源进行整合,即馆藏的同一种印刷型文献与电子文献在书目系统中统一揭示和报道,如北大方正的电子图书即可在 ILAS 书目检索中与纸质图书在同一条记录中揭示,为读者选择文献类型提供了方便。

④引进光盘管理系统,改善和提高多媒体数字资源的利用环境和利用效率。

2. 加强服务平台建设

(1)重点解决高校间馆际互借服务中因网络系统与管理系统不同产生的互通互连的障碍问题,提高馆际互借和文献传递服务的保障率和时效性;同时,建立馆际间服务承诺责任制,继续推行免费服务,使文献资源共享达到预期的规模效益。

(2)根据 CALIS 系统的统一部署及服务需要,逐步配置统一检索及大范围资源链接调度、虚拟参考咨询系统、综合计费、统一资源注册与命名、数字对象安全获取系统、数字图书馆远程访问系统等,

不断提升为用户提供高附加值的增值信息服务的能力,以求从多种层面拓展自身的生存空间。

(3)加大对读者的宣传培训力度,通过多种方式的宣传和培训,大力开展各类读者信息素质教育,提升其信息能力。

(4)吸纳 ISO 11620《信息与文献——图书馆绩效指标》,以一种不断完善、修订、补充的开放式动态过程制定《指标体系》的基本思想,引进已得到不少高校馆认同的 LibQUAL + 模式,以用户对图书馆各项服务的满意度、关注度为主导,逐步形成以读者满意度为核心,以文献满足率和利用率为主要考核指标的图书馆服务效益评价体系,使图书馆办馆水平与效益的评价更趋科学与合理。

笔者相信,通过几年的努力,各高校馆如果能够在上述方面取得预期进展,无疑将大大提高服务效能,从而有望从根本上改善各类读者的满意度。

第三节　网络化、数字化建设进程中的图书馆评估

众所周知,图书馆评估是图书馆管理的一个极为重要的环节,也是全面评估图书馆运行管理的系统工程。进入 21 世纪以来,在短短几年中,国内高校图书馆的数字化建设取得了飞速发展。我国图书馆已由此进入了由传统图书馆向数字图书馆转型的过渡时期。准确地说,现在应该是传统图书馆与数字图书馆并存的复合图书馆。由于后者与传统图书馆存在较大差异,故原有的传统图书馆评估指标体系已经远远不能适应要求,需进行全面调整与修订。新一轮图书馆评估指标体系的制订要全面体现现代化图书馆的要求, 改变过去传统图书馆的办馆思路、办馆模式,以科学的体系引导图书馆向更高层次发展。为此,教育部下发了《评估》指标体系的原则意见,各地高校图书馆遵照教育部的原则意见相继开始制定适于本省高校图书馆运行情况的评估指标体系。以下就以海南省与江苏省高校图书馆评估指标体系为例,就制定这一指标体系的原则与操作思路进行初

步讨论。

一、海南省高校图书馆评估指标体系的基本构成

海南省高校图书馆评估指标体系共包括三个部分："评估指标体系"、"评估指标体系内涵及评分标准"和"评估指标体系的有关说明"（详见附录三）。第一部分"评估指标体系"揭示了指标体系共分为办馆条件，文献资源建设，自动化、网络化以及数字化建设，读者服务和科学管理5个一级指标以及20个二级指标，具体结构见表6－3。

表6－3　海南省高等学校图书馆评估指标体系

<table>
<tr><th>序号</th><th>一级指标</th><th>指标值</th><th>权重</th><th>序号</th><th>二级指标</th><th>备注</th></tr>
<tr><td rowspan="5">A</td><td rowspan="5">办馆条件</td><td rowspan="5">100</td><td rowspan="5">1</td><td>A1</td><td>体制</td><td></td></tr>
<tr><td>A2</td><td>人员</td><td></td></tr>
<tr><td>A3</td><td>经费</td><td></td></tr>
<tr><td>A4</td><td>馆藏</td><td></td></tr>
<tr><td>A5</td><td>馆舍</td><td></td></tr>
<tr><td rowspan="4">B</td><td rowspan="4">文献资源建设</td><td rowspan="15">100</td><td rowspan="4">0.25</td><td>B1</td><td>文献采集</td><td></td></tr>
<tr><td>B2</td><td>文献加工与整序</td><td></td></tr>
<tr><td>B3</td><td>文献保存维护</td><td></td></tr>
<tr><td>B4</td><td>资源共建</td><td></td></tr>
<tr><td rowspan="3">C</td><td rowspan="3">自动化、网络化、数字化建设</td><td rowspan="3">0.3</td><td>C1</td><td>硬件</td><td></td></tr>
<tr><td>C2</td><td>系统软件</td><td></td></tr>
<tr><td>C3</td><td>应用软件</td><td></td></tr>
<tr><td rowspan="4">D</td><td rowspan="4">读者服务</td><td rowspan="4">0.35</td><td>D1</td><td>基本服务</td><td></td></tr>
<tr><td>D2</td><td>信息咨询服务</td><td></td></tr>
<tr><td>D3</td><td>信息素质教育</td><td></td></tr>
<tr><td>D4</td><td>读者评价</td><td></td></tr>
<tr><td rowspan="4">E</td><td rowspan="4">科学管理</td><td rowspan="4">0.1</td><td>E1</td><td>行政管理</td><td></td></tr>
<tr><td>E2</td><td>规章制度</td><td></td></tr>
<tr><td>E3</td><td>业务统计</td><td></td></tr>
<tr><td>E4</td><td>学术研究</td><td></td></tr>
</table>

第二部分"评估指标体系内涵及评分标准"为整个指标体系的

核心与主体。这个部分不仅给出了图书馆评估的具体标准,而且对指标的内涵的进行了明确、具体的界定;同时,还明确规定了每项指标的计分方法,计分一般设定了上限(即满分)值的标准与下限(即及格)值以及在这个区间得分的计算方法与标准。这样不仅便于在现场检查中进行分值的计算和确定被考核馆的优秀、良好、及格和不合格的级次,同时也能使各馆明确当前的定位以及未来迎评促建阶段的努力方向。此外,为了使评估过程更为科学合理,各项指标尽可能的细化,且能够量化的尽可能量化,因而在二级指标的基础上,又划分为 67 个三级指标和 206 个具体评分项目(详见附录三:评估指标体系内涵及评分标准)。

第三部分为“评估指标体系的有关说明”,包括评估的目的、依据、原则及附表。

二、海南省高校图书馆评估指标体系基本特征

1.《评估指标体系》基本构成

(1)总体结构

教育部颁布的《评估方案》中规定,该体系中一级指标为:办馆条件、馆藏资源、自动化建设、读者服务、科学管理,各部分权重未作具体划分。海南省属于欠发达地区,也是教育薄弱地区之一。因此,各级管理部门的支持以及资源配置的力度对于办好一个高校图书馆来说至关重要。海南省《评估指标体系》的制定过程中,为了能够达到按职责权限分别评价学校和图书馆,指标体系在总体结构中将 5 个一级指标按功能划分为“办馆条件”和“办馆水平”两个部分,满分为 100 分。从一般意义上看,办馆条件部分指客观外部环境与条件,非图书馆本身能够左右的一些外部因素与条件,主要是测定和评价学校能否按照《规程(修订)》的规定和要求进行领导体制、组织机构建设及提供必要的投入,包括经费、人力、物力和馆舍建设;而办馆水平部分指标旨在反映图书馆自身运行状况,主要是衡量和评价图书馆的服务功能与水平,它表征的是图书馆系统自身运转能力的高低。

(2)此外,在《指标体系》增加了“办馆效益”指标,这是从整体上评价图书馆的绩效指标。办馆效益 = 办管水平/办馆条件,即办馆效益 = (B + C + D + E)/A。《评估方案》设立“办馆条件”、“办馆水平”、“办馆效益”三个总体指标,目前在全国尚属首创。

2. 创导适应时代潮流的办馆理念

(1)全面反映图书馆网络化、数字化建设的态势

网络化、数字化建设中的图书馆评估完全不同于传统的图书馆。其评估要从图书馆引进数字资源、信息技术的构建入手,考察计算机及其网络技术的应用给图书馆管理和服务带来的影响。因此,现阶段的图书馆评估应以计算机及其网络信息技术在图书馆活动中的应用为前提条件进行全面的考察与评估。海南省《评估指标体系》在制定时比较注意这个问题,数字馆藏资源建设、信息技术系统、网络化信息服务水平与信息利用率等都占有比较重要的地位,具体指标设计也比较到位,使整个指标体系能够全面地反映各馆在网络化、数字化建设方面的真实水平与相互间的优势与差距。

(2)突现“以用户需求为导向”的管理理念

《评估指标体系》在制定过程中突现“以用户需求为导向”的管理理念,也就是说“用户第一,服务至上”的思想贯穿始终,这是对图书馆“以人为本”服务理念的诠释,这也是图书馆建设与发展的重心从资源建设向服务转化的标志。具体体现在以下几个方面:

①办馆水平评估中的一级指标共有 4 个,总分为 100 分。其中,文献资源建设 30 分,自动化、网络化、数字化建设 25 分,“读者服务”35 分,科学管理 10 分。显然,“读者服务”权重最大,这种划分从总体上突现了“服务至上”的理念。

②在“读者服务”的二级指标“读者评价”中增设了“馆务公开及读者满意度”指标,以读者满意度来评判图书馆的服务,这不仅是“以用户需求为导向”这一理念的充分体现,而且是图书馆评估主体从单纯行政主管部门向服务部门转化的显著标志。

③“以用户需求为导向”即“用户第一,服务至上”的思想不仅仅

集中体现在“读者服务”一级指标中,而且渗透于所有的指标和评分项目中,如办馆条件中的文献拥有量、馆舍面积和阅览座位数,在办馆水平中的馆藏数、电子文献数、文献利用、馆际互借、检索微机数、电子阅览室微机数、开放时间、网络服务时间等,以及文献加工周期、数据库质量等 91 项,占全部评分项目的 44%,这些都蕴含着“用户第一”的思想和理念。

三、江苏省高校图书馆评估指标体系框架与特点

与海南省《评估指标体系》相比,江苏的《评估指标体系》(详见附录四)有以下特点:

1. 结构简明

其一、二、三级指标都直接标注相应分值,而无须向海南省《评估指标体系》那样需要通过权重系数来换算。

2. 总体框架与教育部颁布的条例基本吻合

一级指标彼此平列,没有像海南省《评估指标体系》中特别将办馆条件单列,而将后 4 个合并为办馆水平与之并列。

3. 一级指标权重比例不同

江苏的《评估指标体系》一级指标办馆条件、文献资源建设、数字化建设、读者服务、科学管理的权重分别为 0.25、0.25、0.2、0.2、0.1;按照同一标准计算,海南省《评估指标体系》一级指标办馆条件、文献资源建设、数字化建设、读者服务、科学管理的权重分别为 0.5、0.15、0.125、0.175、0.5。相比之下,海南省《评估指标体系》办馆条件权重是江苏的 1 倍;如果后四个指标自成一体,其权重的相互比较中,江苏《指标体系》中“文献资源建设”排在首位,海南《指标体系》中的读者服务排在首位。整个一级指标的结构凸现出海南省《指标体系》的基本思想:因为资源相对匮乏,一方面要尽可能地争取资源,另一方面力求通过主观努力提高服务意识与水准来弥补客观条件先天不足所带来的不利影响。

4. 二级指标设置及相互间权重系数配比不同

(1)在“文献资源建设”中,两者二级指标设置不同。江苏《指标体系》设置为馆藏印刷型文献(0.4)、数字文献(0.24)、文献加工与整序(0.24)、馆藏特色资源(0.06),文献资源共建共享(0.06),海南省《指标体系》设置为文献采集(0.35)、文献加工与整序(0.25)、文献保存与维护(0.20)、资源共建(0.20)。两者比较,江苏《指标体系》所设置的数字文献(0.24)在海南省《指标体系》中没有单独列出,且前者在此项指标中分门别类地界定了中外文电子图书及全文期刊的馆藏量指标,其中外文全文电子期刊要求2000种以上。此外,除了B1“馆藏印刷型文献”以外,在“文献加工与整序”等二级指标中,几乎所有的三级指标都与数字化有关。也就是说,就文献资源建设来说,江苏《指标体系》对数字化建设相关指标予以更多的关注。

(2)在二级指标“自动化、网络化、数字化建设”中,江苏《指标体系》的硬件设施要求明显高于海南省。首先,它要求有无线网络接口;其次要求建有基于TV的多媒体阅览室;其三是磁盘阵列系统空间要求5T以上。海南省《指标体系》前两项未做规定,第三项仅要求2T以上。

(3)在二级指标“读者服务”或“信息咨询服务”中,江苏《指标体系》三级指标“基本服务”权重为0.5,参考咨询为0.3,用户教育与培训为0.1,读者信息反馈为0.1;海南省《指标体系》上述指标的权重依次为0.4、0.2、0.3、01。相比之下差别较大的是参考咨询与用户培训。江苏《指标体系》两个指标权重分别为0.3、0.1,海南省《指标体系》分别为0.2、0.3。不言而喻,参考咨询服务是现代图书馆,特别是网络化、数字化环境下的图书馆的一项极为重要的服务,用户培训却是一个比较基础的工作。从一般意义上看,江苏《指标体系》两个指标权重比为0.3:0.1是较为合理的,像海南省《指标体系》的0.2:0.3只能说明图书馆发展的整体水平还不高,读者对图书馆的了解与利用水准很低,故需要在用户培训这类基础工作方面予以很大的关注。

四、结论

如果从数字化建设中的图书馆为视角来考察上述两省《评估指标体系》,可以得出以下结论:

(1)办馆条件这一部分差别不是特别明显,可以不作特别讨论。

(2)从文献资源建设等其他4个二级指标来看,江苏《评估指标体系》作为经济发达地区亦即数字化建设水准较高的图书馆评估的指导性文件,数字化方面指标的涵盖面、权重、量化指标值都明显高于海南省《评估指标体系》。这也是两个省高校图书馆自身的定位所决定的。

(3)海南省《评估指标体系》的基本思想:因为资源相对匮乏,一方面要尽可能地争取资源,另一方面力求通过主观努力提高服务意识与水准来弥补客观条件先天不足所带来的不利影响。因此,两者之间对资源与服务水准的关注程度是明显不同的。

参考文献

1　ISO 11620:1998 Information and Documentation—Library Performance Indicators (《信息与文献—图书馆绩效指标》)

2　ISO 11620 2003:Information and Documentation - library Performance Indicators AMENDMENT 1: additional performance indicators for library (《信息与文献——图书馆绩效指标以及补充本1:补充指标》)

3　董丽.基于LibQUAL+ ~(TM)的图书馆服务质量评估方法研究和实践分析.现代图书情报技术,2006(3)

4　刘卫利.复合图书馆研究评价及其他.四川图书馆学报,2005(3)

5　张海燕.论图书馆评估标准与业务管理规范化.四川图书馆学报,2005(3)

6　杨慕莲.论数字图书馆评估.情报科学,2005(11)

7　楼宏青.高校图书馆工作评估指标探讨.大学图书馆学报,2006(1)

8　党锋,数字图书馆研究的新作——读《数字图书馆导论》.图书情报知识,2005(2)

9　尹良伟,都平平.数字化图书馆时代高校图书馆评估的指标体系探讨及标准

策划. 现代图书情报技术,2004(2)

10 康万武. 陕西省普通高等学校图书馆评估工作的回顾与反思. 大学图书馆学报,2004(4)

11 周世辟. 论树立高校图书馆科学发展观. 图书馆论坛,2004(6)

第七章　知识管理:数字图书馆管理平台

在人类社会的发展进程中,管理创新和技术进步可以说是推动经济增长的两个轮子。随着知识经济社会的到来,知识将成为经济发展与社会进步的核心要素,而对知识的管理更是社会经济发展的主要驱动力和提高机构核心竞争力的重要手段。知识和信息正在取代传统资源——资本和能源成为最主要的资源。在这样一种态势下,知识经济迫切要求管理思想、理念及其体制进行创新。有鉴于此,一种新的管理理念——知识管理(Knowledge management)应运而生。其核心理念就是通过知识共享激活团队的创新能力。知识管理的实施要点在于:创导全员参与知识共享,培育组织创新能力,提升知识这一重要元素在机构运行中的地位。笔者认为,知识管理虽然广泛运用于企业管理的实践,但作为具有一般管理的共同性质的公共管理同样也面临着知识管理的问题。对于公共部门而言,知识管理的目标与核心就是通过提升人的创新能力来实现组织创新。就此而言,作为公共知识管理机构的图书馆关注知识管理思想也是颇有裨益的。有鉴于此,本章节拟引进这一源于西方企业界的管理思想,旨在为数字化进程中的图书馆提供一种新的管理理念与视角。

第一节　知识管理思想溯源

关于知识管理,国内外管理学界众多学者就企业如何引入知识管理思想问题纷纷撰文进行多方面探讨。在此,仅就其主流观点综述如下:

何谓知识管理?不少学者认为:知识管理是当企业面对非连续性的环境变化时,针对如何强化与提升机构与组织应对上述变化时的能力方面的一种管理思想。本质上,它涵盖着机构与组织的发展过程,力求将技术层面的执行能力所蕴涵的工具理性与人的价值理性有机的结合,从而激发出无穷的创新能力。

就此而言,知识管理相关问题的讨论首先要讨论它与信息管理的内在关系问题。首先必须明确的是:一个运行良好的信息管理系统并不意味着能够等同于实现了知识管理,两者基本属性之间存在着质的差异,其原因在于:机构与组织在知识经济社会中求得生存与发展的环境,需要引用系统工程的观念把信息与信息、信息与人、信息与过程作为一个体系加以考察,并实现上述各个环节调适和融合后激活出来的与信息管理体系下运行所不可比拟的创新潜质。如果要界定两者的关系,人们通常认为:信息管理是知识管理的基础,知识管理是信息管理的延伸与发展。在传统的管理学理论体系构架中,知识管理在历史上曾被当作信息管理发展到一定水准后到达的一种高级阶段。由于社会经济发展的需要,这一理念已经受到近年来新的管理学流派的挑战。后者的出现使知识管理逐渐从信息管理的体系构架中脱颖而出,进而演化成为一个新兴的管理学领域。需要说明的是,从这个意义上讲,知识管理与信息管理已经有着质的差异,其内涵和外延都已赋予了全新的含义。简而言之,知识管理的核心理念是对人的管理,其基本目标是实现人的能力的提升。在此前提下,才可望实现机构与组织应对环境非连续性变化整体能力的提升。知识作为认知过程的产物主要体现在信息管理者身上,而前者只有在人际交往的互动过程中才能凸现出它的创新意蕴。

在就其基本思想进行阐释以后,下面需要提及的是知识管理的目标问题。知识管理就是提升团队成员的创新能力,从而实现组织与机构不断创新的过程,这也是知识管理思想的精髓。现代科学技术日新月异,全球化以空前未有的速度推进。这一进程深刻地改变着人类社会的经济和文化发展进程,也改变着人们的生存方式演进过程。在知识社会,创新能力是组织与机构能否形成核心竞争力的关键要素。其对机构的影响已经远远超过资源对于机构与组织发展的地位与作用。在这样的背景下,知识管理的目标和任务就必然表现为提高组织的应变和创新能力。创新就是既成的知识构成中吸纳新的知识要素后形成的新的知识合成。后者积淀到一定的程度,会给机构与组织带来革命性的变化,也就是时下流行的所谓"颠覆性"变革过程。应该说,它包括"技术创新"和"体制创新"这两个层面的创新活动。仅就此而言,其内涵也是极为丰富的。

与此同时,需要特别强调指出的是:知识管理及其产物——创新行为都不单纯是一种依赖技术系统得以实现的过程。其中,价值理性与工具理性的相互作用起着至关重要的作用。因为,所有创新行为最终都取决于人的创造性。无论是政府或其他机构组织(如企业)都必须不断调整与完善自己的战略目标与生存手段,以适应始终处于不断变化的外部环境。这一过程与知识管理休戚相关,其原因在于它们都不可避免地与人的创新能力的形成有关。

第二节　国内图书馆的知识管理要览

如前所述,前述中外企业界知识管理思想与理念只是阐释知识管理的一种视角。有关的阐释与理解都是企业如何提高创新能力,以适应不断变化中的客观环境问题。在此,我们拟讨论的问题是另一种维度与视角,即图书馆知识管理。总体上看,后者渊源于已经涉及的知识管理理念,但又存在着诸多的差异。简而言之,它与企业与其他机构组织的知识管理既有诸多的相通之处,但也不尽相同。应该说,它源于中外企业界的管理理念,但又赋予很多新的内涵。而后者才是我们更应该关心的问题。

一、图书馆知识管理的一般含义

如前所述,知识管理研究目前尚属新兴管理学研究领域。尽管很多学者就知识管理的定义提出自己的一家之言,但就图书馆知识管理而言,目前还未达成共识。即便如此,人们依旧可以发现他们关于知识管理的基本内涵的阐释与表达大体是一致的。从诸多学者对知识管理的含义描述来看,其对象包含了两层含义:其一是以表征有形知识为主导的显性知识,其二是以人为中心的,存在人脑中的隐性知识。除此之外,尚需指出的是:知识管理过程也是多层面的,它不仅仅是对知识的收集、加工、组织与传播,这些基本属于信息管理范畴;知识管理更重要的功能是能在一个团队内形成合理地利用知识、挖掘知识的机制,最终在成员之间共享隐形知识成果;在这一过程中,知识管理还可以表述为通过交流与沟通,将显性知识吸纳成为个人隐性知识的内化过程,最终实现知识的创新。

二、图书馆数字化进程与知识管理

有关研究表明:数字图书馆的发展经历了以技术为主导、以资源为主导和以服务为主导的三个发展阶段,因而也相应的出现了技术主导型、资源主导型和服务主导型三种类型。迄今为止,数字图书馆的相关技术、资源以及服务体系的建构都已取得令人瞩目的进展,而且数字图书馆基础理论研究也取得了一定的突破,这些都为数字图书馆建设进程的纵深发展奠定了良好的基础。目前,学界已经达成的共识是:数字图书馆建设的最终目的是为读者和用户提供卓有成效的知识服务,实现这一目标的重要前提是提供知识服务平台。因此,吸纳知识管理思想精髓构筑知识服务平台是数字图书馆最为重要的发展趋势。

相对于知识管理来说,传统的信息管理只侧重于信息的收集、加工、整合、存储和传递等基本职能,而知识管理则是通过信息技术作为管理手段,在一种全新的流程中实现知识共享和知识创新。这一流程与传统的信息管理的本质区别就在于凸显人的重要作用,从而在整个过程中将信息产生与信息的利用者之间的有机关联置于重要地位。以此为前提,在从事信息的收集、存储、整理和传递的同时,在更高的层面上创设了一种隐形知识与显性知识互动与相互转换平台,使传统被动的文献知识单元服务转变为主动的知识单元服务。

三、知识服务与知识组织

关于知识组织与知识服务是时下国内学界讨论的热点问题。就目前的发展水平来看,前者的实现方式主要有如下几种:

1. 搜索引擎作用的弱化趋势与信息采集系统的问世

从一般意义上看,搜索引擎与数字图书馆似乎是各自在两条平行轨迹上独立运行。随着时间的推移,这种状态也在悄悄地发生着变化。稍加分析,我们便不难发现:随着网络资源呈爆炸形态增长,海量信息资源呈现在日益困惑的读者面前时,搜索引擎的“引擎”作用越来越弱化,因此,在数字图书馆建设过程中,需加大力开发网上抓取专业信息的专业搜索引擎(后者具备对于搜索引擎的内容进行必要的人工干预和处理的强大功能),适应读者信息需求取向,有鉴于此,国内业界一些专业公司(清华同方公司等)开发了网络信息资源采集系统。后者是一种主要是对网络信息资源进行采集、存储、分类的资源采集系统。系统能够从用户设定的站点定向采集数据,并按事先设定的分类规则对数据进行智能分类,也可以通过全文搜索进行检索,从而能够更有效地找到所需信息。为了快速、准确、全面地抓取数据,该系统可以灵活地制定采集策略,既可多线程采集,实时动态监控特定目标,也可以全面采集,以定制各类专题库。

2. 网络资源导航库系统

就各种层次的参考咨询服务而言,前提就是开发建设一个网络资源导航系统平台。该平台包含资源建设、用户服务及资源收集与整理等功能,以实现网络资源的规范搜集、分类、组织和序化整理,并能对导航信息进行多途径内容揭示。后者所揭示的信息资源是由经过深度加工的网络资源,也是网络资源的精粹部分。网络资源的增长态势使搜索引擎在查准率和效率方面每况愈下,而网络资源导航库系统平台可以弥补搜索引擎的不足。只有这样,才可望有效提升数字图书馆知识服务的水准。

3. 分布式联合虚拟参考咨询系统

虚拟参考咨询系统旨在构建分布式联合虚拟参考咨询平台，建立有多馆参加的、具有实际服务能力的、可持续发展的分布式联合虚拟参考咨询服务体系，以本地化运作为主，结合分布式、合作式的运作，实现知识库、学习中心共享共建的目的。亦即以本地服务与分布式联合服务相结合，建立可持续发展的、多馆协作咨询的服务模式。虚拟参考咨询平台是沟通咨询馆员与读者的桥梁，通过此类服务平台的建立，将能真正实时地解答读者在使用数字图书馆中第一时间所发生的问题。应该说，虚拟参考咨询系统是数字图书馆技术、资源和知识服务人员三者的有机结合，也可以称之为目前最能体现图书馆知识管理效能的应用系统。

4. 知识推送

知识推送是数字时代信息服务业利用网络环境开展的一种新兴服务项目，亦即数字图书馆系统根据读者需求取向主动将其所需要的文献资源推送过去的一种“主动服务”模式。开展此项服务的前提是充分了解目标读者和用户的知识构成及需求取向后建立读者管理库，将其与知识推送系统进行关联，并设定推送周期、推送数量。对于推送内容可以进行人工干预和处理。

5. 各种类型的中文智能信息处理平台

为了实现知识管理与知识服务，国内 IT 公司开发了一些智能型中文信息处理平台。其中能反映国内业界研发水平的品牌有清华同方 STM 系统等。后者应用国际上领先的非结构化数据管理、文本挖掘、自然语言处理、概念关系词典等核心技术，实现对海量数据进行智能检索、自动分类、自动类聚、关键词自动标引、自动文摘、信息过滤、关联规则挖掘等多种功能。以其为基础可以进一步开发应用系统，快速实现智能信息挖掘，有效实现以知识为单元的文献信息资源管理。

第三节　多元融合：提升知识管理内涵的一种新视角

进入知识经济时代以来，有一个问题始终困扰人们：如何从海量数据中提取信息并加以利用,如何快速有效地传播迅速积累的知识?为此,学界提出“知识管理”的理念与模式。后者涉及图书情报学、信息科学、管理学等诸多人文学科。目前,有关研究已经涉及的主要问题包括图书馆知识管理系统与职能、知识获取与知识服务、知识管理的人性化维度等。应该说,这些问题都在不同程度上涉及20世纪中后期得以迅速发展的认知科学理论。但就目前的态势来看,对这一重要领域的研究进展未予以应有的重视。

20世纪60年代,当代著名德国哲学家伽达默尔提出了对当代西方思想界产生重大影响的“视野融合”理念。依循这一理念,人文科学各相关领域呈现交汇与融合的整体性思维的趋向。有鉴于此,笔者认为:知识、知识管理问题均与认知科学理论密不可分,因而将认知科学理论引入图书馆知识管理研究是十分必要的,它应该是阐释知识管理思想的一个重要维度及视角。

一、图书馆知识管理的提出及面临的问题

多年以来,学界关于“知识”与“知识管理”的界定可谓仁者见仁,智者见智。在此,仅就其主流理念作一简要的梳理。所谓知识,一般都界定为人类对自然与人类社会相关事物认识与经验的总和。它们通常被划分为两类,即显性知识与隐性知识。显性知识是指那些能够借助符号系统(文字、数据及表达式等)明确表征的,易于存储、交流与共享的知识。而隐性知识是建立在个人经验基础上的并涉及各种无形因素如个人信念、观念、直觉、洞察力、价值观等,是一种难以规范表达、描述、交流与共享的知识。而知识管理的理念溯源于西方管理学界,它是由美国麻省 Entovation 国际咨询公司创导的一种全新的管理理念与方法。20世纪90年代末,我国图书馆界将这一理念引入图书情报学相关研究中来。就图书情报学而言,知识管理通常指知识的获取、加工、存储、传播与应用。正如美国俄亥俄州大学图书馆馆长李华伟博士所指出的那样:知识管理是将有关及有用的知识经过确定、组织、合并,综合与创造性使用的过程。国内

外诸多学者对此也有不少论述。他们大都依据上述思想将知识管理主要功能归结为外化、内化、中介、认知等环节。在此,所谓“外化”是以外部储存数据库的形式获取知识,并根据分类框架或标准来组织它们;“内化”是设法发现与特定需求相关的知识结构,即从外部数据库中提取知识,以最合适的方式组织、过滤与发布,以满足用户需求;“中介”是将明确、固定的知识传送给需求者,将知识需求者与最佳知识源相匹配;认知是在外化、内化、中介的基础上创造知识的过程。基于上述思路与理念,国内不少学者从多个层面探讨了知识管理的基本框架、核心内容、人本主义等问题。

笔者认为:上述讨论中,无论是隐性知识、知识的获取及传播、外化、内化、中介、认知等都直接和间接地涉及认知科学理论的一些基本问题。然而,国内学者论及这些问题时仅仅给出了几个上述基本定义以后并未展开深入的讨论。其原因在于上述讨论中既涉及认知科学理论,又未能从认知科学的视野中深入考察与审视知识管理理论问题。因而需引入认知科学理论作为一种新的视角,对相关问题进行梳理与再阐释。

二、认知科学理论及其沿革

认知科学是一门研究人类智能(主要包括认知结构与认知过程),且涵盖了哲学、心理学、计算科学、神经科学、人类学等众多学科的综合性学科。20 世纪 50 年代以来,该学科经历了几个重要发展阶段。由于它是一个新兴的边缘学科,如何定义该科学属性,各种理论流派众说纷纭,莫衷一是。我国学者袁毓林先生在《语言是认知研究与计算分析》一书中指出:“认知科学是从信息加工观点来研究认知结构与认知过程……一切认知系统的本质是符号运算系统,符号的本质就是运算”。稍加分析便不难看出,袁毓林先生上述论点源于以信息加工为核心理念的认知心理学的主流理论。后者关注的核心问题是计算与表征,即把人脑模拟为计算机的信息加工的基本模式,以此来揭示与描述人类认知结构与过程。20 世纪 70 年代以后,随着认知科学的深入发展,科学家从不同的理论视角对信息加工论提出质疑。人们开始意识到:以计算与表征模式表征的心智的认知功能被简单地类化和抽象为一种可在硬件上运行的计算程序,忽视人类生理与心理方面的相关特性(情感、情绪、意识、经验等)以及环境对认知功能(概念与推理过程)的作用与影响的观念存在明显的理论缺陷,因而主张认知科学对传统的计算与表征模式进行生物学、动力学、意识、经验、社会文化性因素的整合。

有鉴于此,新一代认知科学理论模式应运而生。美国著名经验哲学家 Lakoff 在其 *Philosophy in the Flesh—— The Embodied Mind and its Challenge to Western Thought* 一书中提出了基于经验论的认知观。他认为:认知科学是研究概念体系系统的科学,主要对心智进行以经验为依据的研究。在此,Lakoff 提出:认知包括感知体验、心智运算、心智结构、意义、概念系统、推理,乃至语言等。其核心理念为:人类认知结构来自人体的经验,并以人的感知、动觉、物理与社会的经验为基础,对直接概念和基本范畴以及意象图式进行组织与建构。所谓经验包括个人与社会集团所有构成事实上或潜在经验的感知、动觉以及人与物质环境与社会环境的相互作用方式。与信息加工论相比,上述理论的提出无疑是认知科学的重大转型。而这一转型对各相关学科的发展产生了非常深远的影响,使相关研究将人的个性化特征、取向以及与环境的交互作用置于一个非常重要的地位。

三、认知科学对图书情报学发展的影响

与其他学科相仿,认知科学的转型对图书情报学发展也产生了巨大的影响,使不少吸纳了认知科学理论的图书情报学理论流派应运而生。其中最有影响的当推布鲁克斯情报科学基本方程、贝尔金的“知识非常态”(Anomalous States of knowledge,简称 ASK)理论、德尔文的“意义建构”理论等。总体上讲,虽然三者的学术视野、理论体系基点、切入问题的角度不同而自成体系,同时又因具有很强的互补性而共同构成了当代西方图书情报学认知观的主要理论框架。就

其共性而言，它们都注重知识获取过程中人的认知能力在建构概念体系方面的作用，特别关注在此过程中以用户情报需求为导向以及双方的交互作用。其理论价值与影响一如美国学者米克沙所指出的那样，由于布鲁克斯情报科学基本方程、贝尔金的“知识非常态”理论、德尔文的“意义建构”理论的影响，“现今情报科学的研究兴趣正在转向人工智能和综合认知情境的主题”。毋庸置疑，关注所谓“综合认知情境”是前述认知科学的转型的一种重要体现，米克沙这一理念的提出预示了图书情报学未来发展与演化轨迹的基本趋向，值得我们予以充分关注。然而，如何界定“综合认知情境”，米克沙未作更为详尽的描述。因此，笔者拟以米克沙所认同的德尔文的“意义建构”理论为范例，来探讨“综合认知情境”的含义。德尔文的所谓“意义建构”可以界定为“允许个人建构和设计自身时空运动内部（即认知的）和外部行为（即程序的）”。从图书情报学的角度来看，针对用户的某一问题展开的查询、处理、整合及利用就是其意义建构的核心。她还特别强调：意义构建是一个过程，意义则是这一过程的产物，它不仅包括“知识”，还包括许多反映个人对情景进行阐释的其他影响因素（如直觉、观念、预感、效果反应、评价与问题等）。除此之外，她还提出了“意义建构三步模式”，即“情景——差距——使用”。即用户的情报使用是自己针对情景反映出来的，是在企图弥补差距或不连续状态。从上述讨论中，我们可以把握知识获取（意义建构）与“综合认知情境”相互关系的基本脉络。

稍加分析便不难看出，上述有关“综合认知情境”种种讨论至少可以确认以下两点：

（1）认知结构在知识获取（意义建构）过程中具有重要作用。笔者认为，德尔文提出的所谓“个人建构和设计自身时空运动内部（即认知的）”亦即认知结构的确立，这是知识获取过程的首要条件。有关这一问题，从认知心理学方面也可以得到很好的印证。认知心理学认为，认知结构具有搜索与预测、建构与理解、推论与补充、整合与迁移等功能，知识获取成效如何在很大程度上取决于个体认知结构状况。例如,专家之所以能迅速地解决问题,主要原因在于专家头脑中有某类知识的数以万计的知识组块,这些知识组块按层次网络的方式排列,这使专家在面对问题时能从总体上把握问题结构,从而很快地发现解决问题的路径。反之,对于一些未能具备此类条件的人来说,由于他们对相关知识知之甚少,仅有的知识组块呈零散和孤立水平排列状态,面对问题时只会更多地注重细节而无法找到切入问题的路径,其结果是不言而喻的。因此,知识获取过程的起点应是首先建立由相关学科知识构成的具有抽象概括能力的系统构架(即认知结构)。

(2)环境和知识获取者的个体特征以及许多反映个人对情景进行阐释的其他影响因素(如直觉、观念、预感、效果反应、评价与问题等)也是"综合认知情境"的重要构成要素。

四、知识管理基本问题与"综合认知情境"

基于上述讨论,本文试图提出的问题是:有关知识管理的讨论中,最需要关注的是什么? 例如,人们在谈及知识管理核心职能"内化—中介"时,得到广泛认同的定义是:"内化"是设法发现与特定需求相关的知识结构,即从外部数据库中提取知识,以最合适的方式组织、过滤与发布,以满足用户需求;"中介"是将明确、固定的知识传送给需求者,将知识需求者与最佳知识源相匹配,显然这里的关键词是"最合适的方式"与"匹配",但是,何谓"最合适的方式"与"匹配"? 我们将如何发现或确认两者,换言之,就是"内化—中介"过程如何实现? 相关讨论中没能找到答案。

笔者认为:如前所述,为了将知识管理问题的相关研究引向深入,应引入认知科学基本理论及相关理论展开相关讨论。在此,笔者依据认知结构理论、德尔文"意义建构"理论、贝尔金的"知识非常态"理论构成,在米克沙先生"综合认知情境"的基本框架(即以用户需求为导向以及有关各方的互动作用为基本脉络)下,探讨一下知识管理核心功能"内化—中介"问题。

基于上述理念,本文拟沿用“综合认知情境”基本思想建立“基于综合认知情境的‘内化—中介’模型”(见图 7－1)来展开知识管理功能问题的相关讨论。该认知模型由信息资源系统、信息处理者、用户 3 个基元构成的信息链构成。在这一信息链中,信息处理者的上游是信息资源系统,下游是用户。其中核心部分是与信息处理者完成前述知识管理功能中的“内化—中介”过程的认知结构。就其认知结构而言,首先需要确认的是它的 3 个模块:信息检索与咨询知识系统、概念系统、个体经验。前者为信息资源及其规则体系,次者主要包括广义概念知识体系(包含心理学特征描述)、用户知识体系样态及认知取向,后者包括个人感知体验(直觉、观念、预测、效果反应、评价与问题等)。

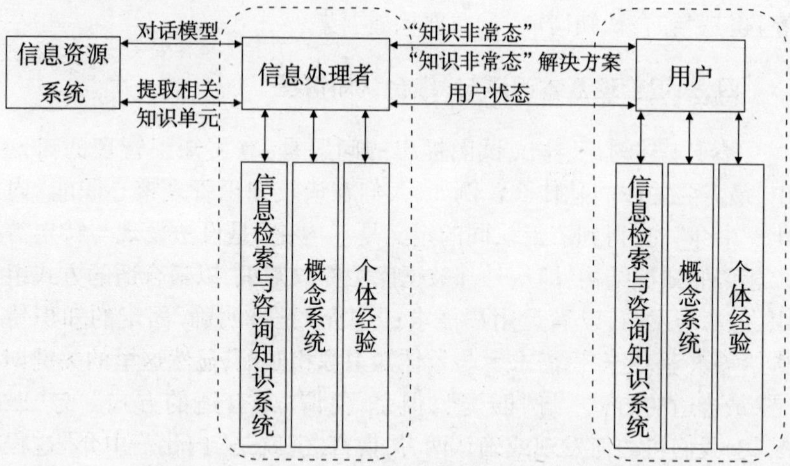

图 7-1　基于综合认知情景的“内化—中介”模型

在这一信息链中,与信息处理者这一基元紧密关联的是其下游——用户的状态及信息需求取向。当用户的既成知识结构不足以解决面临的问题(即所谓“知识不连续”)时,他需要直接调用外部信息资源进行思考,如果仍不能消解“知识不连续”现象时,就出现所谓“知识非常态”。此时,用户就会向信息处理者提出相关的信息需求。在此前提下,以信息处理者为中枢在几个层面上发生互动:①通过自身的信息检索与咨询知识系统、概念系统、个体经验三种模块发生互动;②其信息检索与咨询知识系统与信息资源系统发生互动;③其信息检索与咨询知识系统、概念系统、个体经验三种系统与用户自身对应系统发生互动。应该指出的是,在此过程中,信息处理者与用户的个体体征(知识结构、心理特征、个人的感知体验)具有十分重要的作用与影响。这一过程将产生两个模型:①形成特定的取向与操作原则,以建构向信息源信息系统寻求关联信息时完成"与信息资源系统对话"的对话模型,以精确描述需要什么来消解这种"知识非常态";②形成充分反映用户主题知识及相关知识状况、心理特征(期望、意图、偏好)、查找行为方式的用户状态模型,以确认用户认知结构可接受的信息描述方式与规则。基于这两点,信息处理者启动相关程序,向信息资源体系调用相关知识单元。这一过程往往是"调用—反馈—调用"这样多次往返才会形成最终结果。正是通过与上下游的多次互动作用,信息处理者才能为用户提供足以消解"知识非常态"的解决方案。

笔者认为,上述模型力求探讨在"综合认知情境"中通过相关各基元不断地互动,使信息处理者与用户认知结构趋向一致,即弥补或消解差距与不连续状态的过程,也是"意义建构"过程;这就是在"综合认知情境"的框架下描述的知识管理核心"内化—中介"功能的基本要义。正是在这样一种理论框架下,上述讨论以探讨"内化—中介"功能的内在含义为案例,较为深入地阐释了知识管理的基本问题,遂使有关知识管理的探讨具有更为丰富的内涵,同时,也是为力求为知识管理研究提供新的理论维度的一种尝试。

五、结语

"知识管理"在国内图书馆界是一个新课题,不少学者先期开展了一些很有意义的研究。笔者在此拟引入认知科学理论及情报认知观来探讨"知识管理功能"问题,即力求在认知科学理论框架下以

"基于综合认知情境'内化—中介'模型"的形式阐释与描述了"知识管理功能"问题。其意义并不在于这个模型本身具有多大的解释力,而是力求以尚不成熟的一己之见,求教于学界同仁,同时,也期待着图书情报学界的知识管理研究能在"视野融合"理念的观照下,开阔视野,关注新的理念、新的视域、新的理论维度,从而将知识管理研究导入新的理论层面。

参考文献

1 王进孝. 知识管理理论对网络信息资源管理的影响初探. 图书情报工作,2002(3)

2 刘茂生. 图书馆知识管理管见. 中国图书馆学报,2000(4)

3 田玉,崔红. 从文献组织到知识管理. 情报科学,2002(3)

4 周涛. 知识管理中的知识流动模型. 情报资料工作,2002(2)

5 顾敏. 知识管理与知识领航:新世纪图书馆学的战略使命. 图书情报工作,2001(5)

6 彭飞,唐淑君. 知识管理与高等院校图书馆. 大学图书馆学报,2002(2)

7 盛小平. 论知识管理的实现. 图书情报工作,2000(7)

8 卢共平,汪善建. 从信息管理到知识管理. 图书情报工作,2000(3)

9 马海群. 论知识管理对情报学建设与发展的影响. 图书情报工作,2001(5)

10 刘锦山. 知识管理:数字图书馆发展趋势. [http://www.edu.cn]. 中国教育网

11 邱均平,沙勇忠,刘焕成. 论知识营销与竞争情报. 图书情报工作,2002(3)

12 姜瑞其. 对知识管理的一点探索. 图书馆论坛,2005(3)

13 盛小平. 图书馆知识管理的基本问题. 图书馆理论与实践,2004(3)

14 王寅. 认知语言学与两代认知科学. 外语学刊,2002(1)

15 师宏睿. 贝尔金与德尔文情报认知观. 图书与情报,2003(5)

16 吴盛雄. 高校图书馆引入知识管理模式初探. [http://library.crtvn.edu.cn]. 电大图工委网站

第八章　主流与边缘:数字图书馆与文化管理理念

不言而喻,图书馆数字化进程不仅会引起服务模式的变化,也会引起管理理念的深刻变化。本章节拟以此为切入点,拟就图书馆数字化进程应该引入新的管理思想——文化管理理念问题进行了初步探讨。与主流理念相比,一种新理念问世之初,通常处于一种边缘状态,故冠以"主流与边缘:数字图书馆与文化管理理念"为本章标题。

一、文化管理理念的导入

20世纪90年代以来,高速发展的计算机网络、通信、多媒体技术将人们带入了信息社会,亦将图书馆建设和发展导入了数字化进程。这一进程使国内图书馆运行模式沿着信息资源数字化、信息服务人性化、信息利用共享化的方向发生了深刻变化,不仅使信息的采集与组织更加人性化,信息服务更加个性化与知识化,而且使文献信息以各种媒体形式进入每一个需要提供各类服务的终端,开始成为所有社会成员共享的公共资源。图书馆过去未能实现的向社会成员平等地提供所需要的知识、信息服务的理念在全球网络化、数字化过程中衍生的信息文化理念中得以实现。以"用户需求为中心"这一充满着人文关怀的价值取向成为图书馆数字化进程的主流理念。在图书馆数字化进程中,这一文化理念不仅创设了人们平等、自由获取知识、信息的氛围,更重要的是,它所承载的人文主义精神在资源建设、服务体系、管理理念多个层面上推动着传统图书馆向现代图书馆转型,而管理理念已成为业界甚为关注的问题。

本文拟讨论的图书馆数字化进程及与之相适应的管理理念——

“文化管理”就是在这样一种背景下提出的。所谓“文化管理理念”源于西方企业界,20 世纪 80 年代以后在学界和企业界成为一个重要理论流派。这一新型管理思想的核心理念就是崇尚价值观在企业管理思想中起决定作用的。有关这一理念,国外企业界讨论得较多。例如,世界著名管理大师德鲁克就认为:企业管理不仅是一门学科,还应该是一门文化,即有其自己价值观、信念和语言的一种文化。他还提出:一个组织只能在其价值观内成长,一个企业的成长被其所能达到的价值观所限制。IBM 前总裁小托马斯·沃森也认为:一个企业的基本哲学所起的作用,是超过技术和经济资源、组织结构、发明创新和时机选择的因素所起的作用。被誉为 20 世纪最杰出的企业家及最成功的企业家的韦尔其管理理念中的核心观念就是价值观。对他来说,没有什么比通用电器的价值观更重要,也就是非常重视以价值观为表现形式的企业文化在管理理念中的主导与核心作用,因而,被很多学者称之为“基于价值观的领导”。国内成功企业——海尔集团的所有员工在“真诚到永远”的共同价值观的引导下,以其出色的“国际星级服务”铸就了其国际化成功企业的形象。毋庸置疑,与企业相比,作为文化信息组织机构的图书馆更应该关注文化思想及价值观在其管理体系中的影响和作用。上述成功案例使我们能以一种全新的视角来审视正在数字化进程中的国内图书馆的管理理念和模式问题,而这种新的视角所导入的就是一种所谓文化管理理念。

二、引入文化管理理念的缘由与根据

图书馆数字化进程主要由两个部分构成:其一为技术层面,即图书馆数字化进程的实现方式;其二为管理层面,即数字化进程中图书馆管理理念和范式的转型。两者相互关联,相辅相成。就技术层面而言,其进程主要取决于数字化技术平台,该平台主要由三个部分组成:

①支撑图书馆网络体系且适应用户平台通用性的底层软件平台;

②富于人性化的知识信息组织,即资源建设平台;

③提供充分个性化服务的读者知识服务平台。

如果说底层软件平台多由软件公司和数据商基于图书馆数字化进程中设定功能进行开发,故无需作过多讨论,那么,后两部分如何推进则与管理理念及模式是密切相关的。新的服务模式与技术平台、运行机制将无法沿袭传统的管理体制,它势必引起人们对管理理念及范式展开一轮新的思考。而新的管理理念应综合反映以下几种因素:

1. 人本主义精神在新的历史层面上的还原与回归

从图书馆学史的发展与演化基本脉络来看,主流理论都强调图书馆的宗旨就是弘扬人本主义精神的,促进个人自我发展与完善。如印度现代图书馆学家阮冈纳赞提出的“图书馆五定律”,以及《世界图书馆宪章》(1972 年)、《美国图书馆事业发展 12 条宣言》(1995 年)《公共图书馆宣言》(1995 年)等都是如此。但就国内图书馆的发展而言,特别是改革开放以来,由于各种各样的原因,我们的办馆理念与模式似乎与这一理念始终存在相当程度的差距。由于人本主义原则长期缺位或虚拟化,遂使图书馆宗旨被蒙上一层理想主义色彩。直至 20 世纪 90 年代,我国开始步入信息社会,新的文化理念使社会生活的各个层面正在发生深刻变化。与工业社会的技术理性与人文精神的对立相反,高速发展的信息技术孕育了“信息和知识是全球的公用品,自由、普遍地获取信息是一种基本人权”这一充满着人文精神的信息文化理念,后者在更高的历史层面上还原了图书馆宗旨中的人本主义原则。这种文化理念蕴含着的现代科学技术与人文精神的趋同与融合趋向,提升了文化思想及价值观在图书馆管理理念及模式中的作用,从而催生着以价值观为主导因素的新的管理理念的问世。

2. 西方企业界精英成功的启示

20 世纪 80 年代以来,崇尚价值观的决定作用的新型管理思想在学界和企业界成为一个重要理论流派。世界著名管理大师德鲁克、20 世纪最杰出的企业家韦尔其、IBM 前总裁小托马斯·沃森等都主张共同价值观对企业发展具有至高无上的主导作用,而且,韦尔其的通用电器公司以及 IBM 都取得了巨大成功。当前,在中外企业界中,这种案例不胜枚举,他们的成功预示着 21 世纪的企业管理将要进入一个新的时代:国内外企业界的精英人物正在引领着他们的企业越过经验管理、科学管理阶段,进入了后科学管理时代。

3. 适应图书馆数字化进程中服务模式的变化

在数字化进程中,随着知识服务项目逐步展开,将不可避免地引发业务流程重组。图书馆也由此进入了从传统走向现代的转型期。换言之,也就是说,由于用户需求逐步人性化、个性化、专指化,图书馆在知识化的信息资源组织、服务模式、服务内容及手段等方面不可避免地产生新的理念及范式。传统图书馆刚性的科学管理理念和系统已不适应这一转型需要,亟待引入一种凸显人文精神、有助于发展个人创新能力的管理理念来引导新的服务体系的创设和运行。

4. 注重从文化层面而不是仅从知识层面阐释新的管理理念

近年来,图书馆管理理念的转型是学界的一个热点问题,讨论的比较多的应该是知识管理理念与模式。笔者认为:所谓图书馆知识管理理念是在知识层面上阐释与理解的图书馆管理思想,本质上与科学管理范畴十分接近。它虽然关注人本主义原则对激励创新的作用,但不认同文化思想及价值观的主导作用,因而无法从文化意义层面上理解与阐释图书馆管理思想。在逐步进入后科学管理时代的今天,其理论构架亦需要作更为深入的探讨。

5. 符合多学科领域交叉与融合趋势

随着 21 世纪的到来,科学的发展在分析方法取得了重大突破性进展之后,将依循着整体思维的方向来整合现有的各学科领域,人文学科与现代科学技术领域里有关学科的趋同和渗透已成为一种越来越明显的趋向。而这里所提及的所谓新的管理理念实质上是一种西方人本主义的文化哲学思想中衍生出的有关高技术社会信息组织机构——现代图书馆的管理理论的探讨,故相关讨论将涉及若干不同的理论视域;不仅包括图书馆学、现代管理理论、信息管理学,还应包括哲学、心理学、行为科学理论等。因此,就方法论而言,它应是符合前述的多学科领域交叉与融合趋势的跨学科研究的产物。与其他学科的发展轨迹一样,这样一种跨学科研究将是本世纪图书馆学及信息管理学研究的一个重要走向。

三、图书馆数字化进程中的文化管理理念的基本要义

如前所述,在数字化进程中,"用户需求为中心"的服务理念营造的是一种以人本主义为最高原则的服务模式。从广义上讲,它的服务模式就是一种主动型的、且不因对象不同有任何变化的,即随时发布各类媒体形式的信息,不断地通过网络将读者所需要采集的文献信息传送到相应的数字终端;从更深层面上看,其服务模式是一种凸显人性化乃至个性化,所谓个性化就是一种"嵌入式"的服务,其服务环境是非线性化的、动态多变的。毋庸置疑,随着数字化进程向纵深发展以及整个社会信息化、数字化程度的提高,这种服务模式将逐渐变为现代图书馆的主流模式。

在这样一种前提下,各类图书馆将无法沿袭科学管理时代的"刚性"范式——注重管理技术与手段且突显制度化与法制化的基本模式,需要引入一种中外企业界已经取得成功的全新的管理理念和模式——文化管理。笔者认为,就数字化进程中的图书馆文化管理理念来说,应该有不同于企业界的界定与阐释。这一理念可以表达为:在组织机构内创设一种由首席管理者创导并得到所有成员认同的价值观和行为准则,进而在后者的统摄之下创设"柔性"运行系统;由于这一"柔性"系统的精髓——共同价值观与行为准则引导(而非制度体系的刚性约束),为个人创新能力提供很大的发展空间,遂使根据客户需求组建的各类个性化知识服务团队能够在非线性环境中以嵌入用户问题的方式提供标准或个性化服务。

而所谓文化管理是一种管理思想,而不是具体管理方案。其基本框架如下:

(1)首先,需要一名具有个人魅力、能赋予图书馆生命的首席管理者。首席管理者有能力创导和培育馆员广泛认同的共同价值观,遂使馆员将这一价值观内化为自己的行为准则。

(2)首席管理者有能力设计与推行以前述共同价值观与行为准则导向的柔性体系。这一柔性系统成员在“以客户需求为中心”的服务体系中,既能满足系统在业务流程重组过程中对各成员的功能要求,也能最大限度地完成了自我发展、自我完善的过程。

(3)这种柔性系统管理功能是一种系统管理,即它的中心不再仅仅是内部运行,而是着眼于如何不断将图书馆资源条件与相关外部环境进行优化与整合以形成新的增长点的系统管理,以此为前提进行资源配置与职能定位,形成以客户需求为导向、知识服务团队为中心的服务和管理的动态流程。

(4)业务流程重组以后,原有体系中传统的、稳定的部门设置将被动态组合的知识服务团队取而代之,知识服务团队应是按照服务的专业化和专指化形成动态有序的非线性组织;管理结构也从“金字塔”型向扁平的矩形网络转变,享有决策权的职业化管理部门也转变为知识服务的资源条件的保障者,这种组织结构将成为数字化进程中图书馆组织管理的主要形式。

(5)这种柔性体系的运行机制具有激励、凝聚、导向、约束、拓展、协调及优化等功能,其目标就是在组织机构内部形成一种“自足”的调适机制,这种调适机制旨在营造和谐的精神生态,不断地激活系统成员的创造性潜能,以不断创新来寻求新的增长点,从而使机构获得可持续发展的可能性。

显然,只有这样一种管理理念才能适应数字化进程中的图书馆的运行模式。

四、结语

综上所述,笔者认为:

(1)就图书馆数字化进程而言,数字文献资源建设与读者知识服务体系运行成功与否不仅取决于数字技术平台，而且还取决于另外一个重要因素——管理理念及范式，两者相互关联，相互依存。

（2）中外企业界精英人士的成功经验告诉我们，21 世纪开始步入后科学管理时代，因此，图书馆数字化进程中引入新的管理理念与模式是非常必要的。本文所讨论的文化管理理念既不同于传统的经验管理、科学管理，也不同于学界正在热烈讨论的知识管理，它是一种基于图书馆数字化进程以及这一过程中透射出的，或者说是在更高历史层面上复归的人文精神而提出的管理理念。只有这样一种理念才能适应数字化进程中的图书馆服务理念与运行模式。

（3）就国内图书馆界而言，虽然在一般意义上强调应凸显人文精神的讨论常见诸于各种文章之中，但有关图书馆数字化阶段应引入新的管理理念——文化管理理念的系统研究还未曾见到，作为一种新的视角，应该有深入探讨的理论价值。在此，笔者只是将它作为一个问题提出，谨以此求教于学界同仁。

参考文献

1　程焕文，王蕾. 21 世纪高校图书馆管理新理念. 大学图书馆学报，2003（2）

2　林擎国，王立凤. 企业实行文化管理的转变. 厦门大学学报，2003（4）

3　徐晓灵，朱瑾. 网络环境下图书馆管理. 情报科学，2003（7）

4　祝桂海. 技术创新与企业文化管理. 技术经济与管理研究，2005（5）

5　谢楠. 培育中小企业提升核心竞争力. 辽宁经济，2005（8）

6　贾书海. 企业核心竞争力靠什么提升. 经济论坛，2005（8）

7　关培兰. 企业文化有利于现代企业制度的形成与发展. 中外企业文化，1999（01）

8　白靖宇，万威武. 试论企业文化建设与现代企业制度之间的双向效应. 中国软科学，2003（4）

第九章　用户培训:从文献检索与利用到信息素质教育

一、信息素质教育:一个新的课题

随着社会信息化、数字化进程的不断深入,如何提高社会公众的信息素质已经成为一个应该予以高度重视的问题。“信息素质”一词最早是由美国信息产业协会主席 Paul Zurkowski 在 1974 年给美国政府的报告中提出来的。他认为,信息素质是人们在工作中运用信息、学习信息技术、利用信息解决问题的能力。目前有关信息素质的定义较多。美国大学与研究图书馆协会认为,信息素质是一系列有关个人能意识到信息需要并能找到、评价和有效利用所需信息的能力。Jeremy J. Shapiro 和 Shelly K. Hughes 认为,从狭义上看,信息素质包括各种有效地使用信息技术和信息资源的技能;从广义上看,信息素质是一种自由的艺术,它包括了社会、文化和哲学等内容。信息素质可以分为:(1)工具素质:能使用印刷型和电子型信息资源的有关工具,如计算机、软件等的能力;(2)资源素质:能了解信息资源的种类、形式和查询方法;(3)社会结构素质:掌握信息的社会地位、作用和影响;(4)研究素质:掌握与利用信息进行有关科学的研究;(5)出版和传播信息素质:能利用文本或多媒体报告研究结果从事相关工作的能力。此外,还有不少专家从教育技术学、认知心理学、信息学、传播学等角度给信息素质下定义或提出有关的结构模型。

2006 年 4 月,教育部高等学校图书情报工作指导委员会在杭州召开了“网络环境下信息素养教育创新和发展”会议。大会主题发言包括:从文献检索课走来向信息素养教育走去、信息素质教育之教材建设探讨、新形势下图书情报专业学生信息素养教育问题、图书馆在信息素质教育中的作用等。这些问题的提出表明信息素质教育问题在国内高校图书馆界开始受到人们关注。

从国内高校目前情况来看,很多学校已普遍开设了文献检索课,但是文检课的教材内容比较陈旧,多偏重于文献方面的知识,局限于检索工具使用方法的学习,充其量只是教授技能而已,与 Paul Zurkowski 先生倡导的广义的素质教育相去甚远。从信息素质教育的角度来看,这类课程已经不能适应信息社会发展对人才培养的需要,应当代之以旨在提高综合素养的信息素质教育课。信息素质教育课应包括以下内容:

(1)文献信息检索知识。

(2)有关网络以及多媒体的知识。使学生了解网络信息资源的分布情况及各种媒体信息的形式、特征和利用的方法;掌握从网络中获取所需的信息的技能。

(3)计算机知识与操作技能,包括文字处理,制作网页、图表和简单的多媒体演示报告,熟练地使用相关专业的计算机软件,如图形设计等。

(4)了解与获取信息相关的道德、法律和经济、社会问题。

(5)介绍信息技术发展状况,发布最新的数据库信息,熟悉与利用不同的专业数据库,讲解最新的计算机软件应用知识,介绍网络环境下的知识产权保护等问题。

二、信息素质教育及其实现方式

纵观国内高校各个学历层次文献检索课程的基本状况,课堂教学效果大多不尽如人意。由于课程内容相对其他课程显得单调,学生上课普遍感觉无法长时间集中精力接受老师授课内容。这里所讨论的信息素质教育课程依然存在同样问题。因此,首要的问题是确定一种符合学习规律的教学方式,换言之,就是找到一种适于信息素质教育综合训练的平台,以提升学生驾驭文献信息的能力。而创设和搭建这样一个平台取决于两个重要因素——新的教育理念和现代教育信息技术。有关问题讨论如下。

1.“构建”与“整体”——创设信息素质训练平台的基本思路

从目前国内外主流教学理念来看,大力发展建构主义原则(有关这一原则的定义在相关讨论中随处可见,此处不再赘述)指导下的计算机多媒体教学已成为一种共识。其原因在于:首先,应将课程内容从单纯的文献检索与利用扩展到计算机、网络通信、多媒体以及文献检索等领域的知识共同构成的一个多元融合的整体训练课程。其目的在于:通过这样一个体系,在建构主义的意义上给学生营造一个自我生成思想、观念、知识、技能的自由空间,亦即将原来十分单一的文献检索知识的传授变成一个使学生多维度参与、接受和反馈的视、听、上机操作一体化的综合训练过程。在这样一个系统中,学生是主体,教师只是综合训练的设计、组织与引导者。我们可以说,这就是借助“整体”与“建构”理念,利用现代教育信息技术手段,为学生创设和搭建的一个通过综合训练提升信息基础知识与应用能力的平台。总体上讲,创设和搭建这样一个平台来引导以及组织学生进行前述的综合训练需要两个前提:

(1)改变观念,转换教学模式;

(2)提供可操作性强的多媒体教学课件。

前一个问题是一个教育理念问题,后一个问题则是合理和有效地运用现代教育信息技术的问题。但这两个问题相互关联,相辅相成,无法决然分开。

2.现代教育信息技术是实现上述平台的基本手段和途径

笔者认为,创设通过综合训练来提高信息素质的平台成功与否首先取决于教学模式的转换。如果观念问题得以解决,教学模式的转换成功与否就主要取决于如何合理、有效地使用现代信息技术的问题了。从一般意义上看,这种模式就是现在已经比较流行的计算机多媒体教学。需要特别指出的是,这里所说的计算多媒体教学的含义绝不仅仅是时下的文检课常用的PPT课件为主导的教学模式。计算机多媒体教学是在传统电化教学基础上发展起来的一种新型教学方式,它的问世为推动各种层次,特别是高层次的各类专业课程教学改革提供了资源条件。多媒体技术最大的优势就在于它融文字(Text)、图像(Craphic/Pieture)、声音(Sound/Audio)和视频动画(Digital Video)于一体,将这一技术引入课堂教学,使教师可以利用其强大的虚拟功能,完全超越时空限制来完成课程教学。而网络技术和环境的引入对上述过程产生了巨大推动作用。近年来,IT 业界诸多商家竞相推出的各种网络教学系统软件以其便捷的发布和浏览功能优势,充分地体现了网络(Intenet/Intranet)、多媒体和人机交互(Interactive)的技术特点,使原来意义上的专业课程的课堂教学出现了质的突破:即从原来的教室或语音实验室教学扩展为网络化教学,从地域化教学提升为远程化或全球一体化教学,其使用范围和规模远远超过原有的规模和层次。在这样一个背景下,教师可以基于"整体"和"建构"理念及视、听、上机操作一体化综合训练的基本思路,充分利用现代教育信息技术手段按不同模式组织课堂教学。后者大体可分为这样几种形式:

(1)课堂教学模式:将课堂变成一个既能利用网络环境随时调用各种不同载体的信息资源,同时又能将自身融入其中的多媒体示教型课堂。

(2)引导、交流模式:教师首先以发展学生的元认知能力与掌握学习途径为目的进行教学设计,然后通过多媒体网络环境将所需的各种多媒体教学素材展现在学生电脑上。学生在教师的组织下,通过计算机创设的情景,与教师和同学进行会话交流、协商讨论、解答疑问;教师仅利用电子白板、电子举手、语音对话、屏幕广播监控等功能组织、引导学生的学习活动,而不作详细讲解。

(3)协作学习模式:学生分组依据教师或自己提出的命题进行讨论和交流。在此过程中,提倡学生运用各种网络应用技术,创造性地收集整理图文信息,设计完成以个人或小组或班级为单位的项目/作业,这包括"专题发言"、"虚拟论文"等,通过在网上发布、交流、讨论,使学生在一个可扩展的、开放的虚拟空间中自我发展其信息技术方面的能力。

(4)虚拟仿真模式:多媒体技术和仿真技术相结合,产生使学生身临其境的逼真效果,引导学生根据个人志趣切入与信息利用相关的道德、法律和经济、社会问题虚拟场景中进行模拟交往,以提高他们在现实社会环境中有效获取信息的能力。

上述种种只是几种基本模式,多媒体课堂教学还可以派生出其他很多种模式。但是,不管哪一种模式对教师自身素质、教学目标设计合理与否以及课件设计和制作都提出了很高的要求。当然其中首要的是课堂教学目标设计。

3. 基于现代信息技术的多媒体课堂教学目标设计

多媒体教学是一项跨学科的系统工程,它涉及社会心理学、语言学、行为科学、计算机网络技术、多媒体技术等多种学科,是一种人文精神关怀下的智能化的技术整合过程。英国 Sussex 大学的 Michael Seaife 博士在完成了一个名为"ECO—I"的交互教学实验后认为,利用基于信息技术的教学设计必须把学生看做是信息的发布者(Native informants),强调学生自己进行多媒体课堂教学,而教师的教学设计应主动适应学生的认知模式。他提出学生可以构建自己的世界,改造自己和别人已创造的世界。这是现代教育信息技术环境下教学设计的一大趋势。据此,我们要以建构主义理论为指导,以主动适应学生的认知模式为前提来进行教学目标设计。其宗旨就是要使学生从被动接受知识转为利用现代教育信息技术进行自主学习,教学模式的核心是如何引导学生具备获取、整合、评价信息的能力。后者所涉及的相关因素甚多,笔者认为,就课堂教学目标设计而言,应着重考虑的相关因素如下:

(1)建构性目标

在传统的"接受式学习"模式中,学生所学到的知识和技能都是"预设"和"锁定"的。现在所讨论的教学模式中,知识结构只与"搜索"、"选择"、"整合"、"评估"、"使用"信息的能力有关,其教学目标核心理念就是建构性目标设计,亦即学生的学习旨在构建对自己而言具有意义的世界,所吸纳的知识、观念和技能都被整合到自己先期形成的知识能力的构架之中。因此,拟设计的教学体系中需大量提供各种类型的网络数字资源库,使学生能够基于建构“认知单元”的需要从各种资源中找到自己感兴趣的起始点和路径。

(2)需求相关性目标

需求相关性教学目标是教学设计中一个非常重要的内容。一般说来,需要认真考虑的需求相关性目标主要有当前的兴趣和专业知识体系构成的需求,这是学生从事学习活动的内在动因。因此,在多媒体课堂中要充分考虑学生的上述取向,利用各种媒体技术和网络信息技术创造出一种与上述目标相宜的语境和氛围,描述过程中注重体现内容的相关性和目标的具体性,使同学们在这种学习旨趣的引导下更为主动地投入到构建自己的世界的过程之中。

(3)多重参与性目标

利用各种视听媒体传递信息形象生动、密度大、节奏快、重复性高、感染力及参与性强的优势,使学生得到通过多媒体计算机统一处理的综合信息。以此为前提,设计出合理有效的教学环节,调动学生多种感官参与学习过程,以使重现信息量大大增加,从根本上提高信息传递的有效性。只有这样,才能充分利用多媒体教学的巨大优势拓展新的教学空间,形成立体化、多途径和互补性强的信息处理、加工模式,从而体现视、听、上机操作一体化综合训练的特有优势。

(4)“悬疑”性目标

语言学习就是一个思维—理解过程。因此,在教学目标设计中,应充分发挥多媒体表现力强、参与性强、反馈及时的特点,依据“悬疑”原理,设置一些能够调动学生积极参与的问题,激活他们的兴奋度与参与建构的欲望。例如,在某种特定情景之下的听说练习之前,设定一些关键词,并提出一些启发性问题,以便给学生造成某种悬念,构成某种思维向度,让他们在短时间内迅速地分析、归纳、综合,以期找到从整体上理解给定对象的捷径,由此激活学生参与意识和综合感应能力。

三、信息素质教育教学体系中的相关因素

上述种种表明,从理论上讲,在“建构主义”理念的指导下,以计算机、多媒体、网络技术、人工智能等多项技术为核心的现代信息技术为提升学生信息知识及获取综合能力训练提供了一个平台。搭建这一平台涉及的技术因素较多。作为一种完整的解决方案,它至少包括三个方面:网络环境和硬件设施、相关应用软件系统以及各种多媒体教学课件等。从技术可行性的角度来看,网络环境和硬件设施基本要求为:一台中低端服务器及教师主机、几十台奔腾586PC机、投影仪等,主干网155M及桌面100M的光纤网(其传输速度可以满足外语视听多媒体同步全屏传输要求)的网络环境。其次是各种应用软件系统:目前相关应用软件都进入成熟期,投入运行均可满足要求,但要特别注意跟踪和引入国内IT公司一些最新技术,如不少公司新近开发的网站智能搜索引擎系统(支持对多个网站文本内容进行全文搜索和自动抓取)。这类系统对于学生自主建立“认知单元”是至关重要的。作为解决方案,目前的重点或难点还是在于多媒体教学课件的设计、制作,主要问题表现为两个方面:其一,计算机多媒体技术最大优点在于其交互功能,这一功能为学习和训练的个性化提供了较大的空间,在很大程度上促进了教学程序、教学环节和教学模式的改进。但是,这种交互功能的最大优势目前只能在个别化教学中才能充分显示出来,对其他形式的教学活动的实现方式目前尚不理想。其二,目前,高校教师各种自制相关课件一般来说制作思想滞后,无法实现建构主义思想指导下的综合能力训练,故远远不能满足多媒体教学的多种功能及相应的目标设计要求。从目前总体情况来看,其课件开发已呈瓶颈之势。因此,开发高水平的信息素质教育课程课件已经势在必行。

从目前市场上销售的多媒体教学课件来看,大都仅适合个人自学,而不适合教师在课堂上使用,实际上只能算是“助学软件”;亦或兼顾了课堂教学需要,充其量也只是传统教学模式的延伸,因而完全

不能适用于“以学生为中心”的建构主义教学理念下的综合能力训练,也更谈不上前述的教学目标设计的种种要求。因此,笔者认为,加大投入力度,开展相关的计算机多媒体教学课件研制,即开发出一套完整的能够实现上述设想的“助教课件”已是势在必行。就此而言,首先要确认这项研发工作的主体。如果由高校教师自主开发,其教育信息技术方面的知识储备不够,而且可供支配的软硬件设施也非常有限;如果由软件公司独立承担研发工作,依然会因为不具备专业知识和建构主义理念而导致新一轮失败。因此,笔者认为,要开发和设计出真正符合教学规律和建构主义理念的课件,只有软件公司与具有建构主义理论素养的图书馆学情报学专家、教育专家组成的技术团队来承担这项开发任务方有可能。在具体开发设计中,应根据前述教学目标设计要求和多媒体网络技术发展趋向,从情景、协作、意义建构等方面充分体现高层次课堂教学的自身特点,才有望开发出具有前瞻性和实用性的网络环境下的多媒体教学课件。

四、结语

不言而喻,信息素质教育课程是一个系统工程,它涉及教学理念转型以及操作层面上的各种资源整合和有序化运行的各个环节。在此,笔者只是提出一个初步设想,以期对提升该类课程的功能和水准起到一种推动作用,使这类课程的教学体系完成从形式到内涵的根本转换,从而能够从单纯文献信息检索课程跨上一个新台阶——走向信息素质教育。

参考文献

1　黄晓斌.美国高校的信息素质教育及其启示.大学图书馆学报,2001(4)

2　刘喜怀等.美国高校的信息素质教育.中国远程教育,2004(9)

3　戴正南,黄光远.教育技术与外语教学.呼和浩特:内蒙古大学出版社,1998

4　何克抗.现代教育技术.北京:北京师范大学出版社,1998

5　李学农等.多媒体教学设计.广州:广东高等教育出版社,1996

6 李克东.多媒体技术教学应用.北京:电子工业出版社,1996
7 谢幼如.新型教学模式探索.北京:北京师范大学出版社,1995
8 章国英.计算机辅助外语教学与研究.上海:上海外语教育出版社,1995

附录一

图书馆合作与信息资源共享武汉宣言

出席武汉大学信息管理学院“数字时代图书馆合作与服务创新”国际研讨会暨第三届中美图书馆员高级研究班的50余所高等院校图书馆的馆长,于2005年7月8日在武汉大学举办了“中国大学图书馆馆长论坛”(以下简称“论坛”)。期间,我们回顾了我国图书馆界馆际合作与资源共享40多年的历程,探讨了在实现信息资源共享道路上尚需克服的障碍与问题,在图书馆合作与信息资源共享的重要原则方面取得共识。声明如下:

图书馆与信息的重要性

——信息资源与自然资源、人力资源共同构成支撑现代经济社会发展的资源体系。信息资源是知识经济时代重要的国家战略资源,是实现经济和社会的全面和可持续发展的基础条件。对信息资源的拥有、开发和利用水平,是衡量一个国家综合国力和国际竞争力的重要标志之一。

——消弭信息鸿沟、实现信息公平,是消除贫困、促进经济发展、构建和谐社会的重要条件之一。

——图书馆是国家和政府为保障公民自由、平等地获取信息和知识而进行的制度安排。最大限度地满足每一位公民(读者)对信息和知识的需求,是图书馆义不容辞的责任。

——大学图书馆是大学的重要支柱之一。优秀的大学图书馆是优秀的大学的标志。国际研究表明,大学的声望与大学图书馆的藏书之间存在着密切的关系。对图书馆的投资与重视是每一所大学的责任。

——便捷高效地获取信息是大学教学、科研与社会服务活动的基础。为高水平的人才培养和科学创新研究提供充分的信息保障,是大学图书馆的使命。最大限度地满足校内外读者的信息需求,实现最广泛的信息资源共享,是大学图书馆追求的崇高目标。

——我们完全支持联合国教科文组织(UN ESCO)和国际图书馆协会联合会(IFLA)通过的《公共图书馆宣言》(IFLA/ UN ESCO Public Library Manifesto 1994)及《学校图书馆宣言》(IFLA/ UN ESCO School Library Manifesto 1999)的原则和立场。我们完全支持开放社会研究所(OSI)在布达佩斯(Budapest)通过的《布达佩斯开放存取首倡计划》(Budapest Open Access Initiative ,BOAI)的原则。我们完全支持《国际图联关于数字环境下的版权立场声明》(IFLA Position on Copyright in the Digital Environment 2000)的原则。

数字时代图书馆合作更加必要

——在数字时代,读者来图书馆将不再仅是为了查找本馆馆藏。

——在数字时代,单一图书馆仅利用本馆馆藏将不再能满足读者的信息需求。

——在数字时代,单一图书馆独立建设馆藏的方式已经不再适用。

——在数字时代,图书馆合作是国际趋势。

——在数字时代,信息资源共享是时代的要求。图书馆代表的是公共利益,信息资源共享的目的是使社馆会公众获益。信息资源共享是图书馆为解决信息数量的急剧增长以及用户对信息资源的无限需求与图书馆学对信息载体有限的收集和处理能力之间的矛盾,而做出的理性选择。

——在数字时代,大学图书馆的合作比以往任何时候都更为必要。大学图书馆应该在信息资源共享中发挥更为重要的作用。

——我们高度评价教育部和图书馆界同仁为实现信息资源共享这一目标所进行的卓有成效的工作。“中国高等教育文献保障系统(CALIS)”等建设项目是实现信息资源共享的成功范例。这些项目极大地改善了我国图书馆的资源状况,扩大了期刊的品种覆盖面,节省了文献资源建设的成本,实现了资源建设与开发利用的机制创新,受到了社会各界的一致好评,产生了不可估量的社会效益。

信息资源共享的目标

——我们认同信息资源共享的最终目标:使任何人在任何时候、任何地点,均可以获得任何图书馆的任何信息资源。

——实现上述目标将是一个漫长的过程。在现阶段,我们应该致力于构建一个全方位、多层次的信息资源保障体系。在国家层次上,这一保障体系要建立能满足本国需求的完备的文献收藏(从国家信息安全的角度来看,这是完全必要的),并促进其开发与利用。要通过公共图书馆、大学图书馆和其他类型图书馆以及相关机构的合作,实现信息资源协调采购、联机合作编目、联机书目查询、馆际互借、文献传递、网上联合咨询等功能。

——我们致力于建设具有国际先进水平的开放式中国高等教育数字图书馆。

——我们深刻认识到,在实现我国信息资源共享目标的过程中,依然存在着诸多障碍。这些障碍既有客观的也有主观的。

行动方向

——把信息资源共建共享纳入国家信息资源开发利用的整体战略中去。呼吁国家要尽快制定《图书馆法》和其他保障信息资源公共获取的法律。

——我们呼吁教育部、文化部、科技部等部委继续在促进文献信息资源共享方面发挥更大的作用。我们将促进教育、文化与科技、社科系统的数字化资源项目的合作及资源共享。

——加大力度建设“中国高等教育文献保障系统(CALIS)”等各级各类文献资源共享系统,鼓励更多的高校系统图书馆在责、权、利协调的前提下参与上述项目的建设,鼓励非高校系统图书馆参与项目建设。

——图书馆之间的合作、图书馆与其他相关机构之间的合作,是实现信息资源共享的重要途径。要建立不同类型的图书馆联盟。不仅要建立系统内的图书馆联盟,而且要促进同一地区跨系统图书馆联盟的建立。坚持平等自愿、互利互惠的原则,使每一个联盟成员都能享受到信息资源共享带来的利益。

——鼓励经济发达地区的图书馆帮助欠发达地区的图书馆,大型图书馆帮助中小型图书馆,以逐步缩小图书馆之间的“信息鸿沟”。

——大学图书馆的资源应在满足本校读者需求的前提下,努力向社会开放。

——建设特色馆藏,开展特色服务。建立一批特色学术机构库(institutional depository)。

——开放存取(open access)是网络环境下学术信息交流的新模式,是信息资源共享的新形式。我们鼓励并积极参与学术信息的开放存取。

——现代信息技术在信息资源共建、共知和共享中发挥着关键性的作用。只有建立在数字化和网络化大基础之上,信息资源共享才能真正得以实现。

——标准化是信息社会的基石之一,是信息资源共享的重要前提。我们要特别重视标准的制定和采用;要紧跟新技术的发展和信息载体的变化,及时制定在网络环境下实现信息资源共享涉及到的专业和技术标准,使之适应信息环境的变化;要加大标准的推广与执行力度。

——充分理解知识产权制度对于鼓励知识创新的重要性,尊重和保护知识产权。我们认为知识产权制度的最终目的,仍然是为了保障和促进知识的交流、传播和利用。它与信息资源共享的最终目的是一致的。为此,我们呼吁知识生产者(著作者、出版者)与知识组织、传播者(图书情报工作者)加强合作,寻求有效机制,以维系知识产权保护与信息资源共享之间的平衡,维系知识产权人利益与公共利益之间的平衡。

世界已经进入一个新的时代。信息资源共享成为这个时代最强大的呼声和最鲜明的特征。信息资源共享的最终实现或许还很遥远,然而,她的每一个阶段目标的实现及其给人类带来的福祉,却是实实在在的。我们坚信,只要以开放的理念、执着的追求、切实的行动去做好眼前的每一项工作,我们就能一步一步地实现信息资源共享的目标。在这一过程中,需要的是各界更广泛的参与和支持。

宣言的实施

中国大学图书馆馆长论坛创始单位及宣言签署单位(包括代表)敦促政府主管部门与有关图书馆,制定战略、政策和计划以实施本宣言的原则。战略、政策和计划应当包括与本宣言的传播、针对图书馆员和教师的持续培训以及特别加强图书馆学/情报学教育与图书馆实践之间的联系等有关的规定。

附录二

信息网络传播权保护条例

第一条 为保护著作权人、表演者、录音录像制作者(以下统称权利人)的信息网络传播权,鼓励有益于社会主义精神文明、物质文明建设的作品的创作和传播,根据《中华人民共和国著作权法》(以下简称著作权法),制定本条例。

第二条 权利人享有的信息网络传播权受著作权法和本条例保护。除法律、行政法规另有规定以外,任何组织或者个人将他人的作品、表演、录音录像制品通过信息网络向公众提供,应当取得权利人许可,并支付报酬。

第三条 依法禁止提供的作品、表演、录音录像制品,不受本条例保护。

权利人行使信息网络传播权,不得违反宪法和法律、行政法规,不得损害公共利益。

第四条 为了保护信息网络传播权,权利人可以采取技术措施。

任何组织或者个人不得故意避开或者破坏技术措施,不得故意制造、进口或者向公众提供主要用于避开或者破坏技术措施的装置或者部件,不得故意为他人避开或者破坏技术措施提供技术服务。但是,法律、行政法规规定可以避开的除外。

第五条 未经权利人许可,任何组织或者个人不得进行下列行为:

(一)故意删除或者改变通过信息网络向公众提供的作品、表演、录音录像制品的权利管理电子信息,但由于技术上的原因无法避免删除或者改变的除外;

(二)通过信息网络向公众提供明知或者应知未经权利人许可

被删除或者改变权利管理电子信息的作品、表演、录音录像制品。

第六条 通过信息网络提供他人作品,属于下列情形的,可以不经著作权人许可,不向其支付报酬:

(一)为介绍、评论某一作品或者说明某一问题,在向公众提供的作品中适当引用已经发表的作品;

(二)为报道时事新闻,在向公众提供的作品中不可避免地再现或者引用已经发表的作品;

(三)为学校课堂教学或者科学研究,向少数教学、科研人员提供少量已经发表的作品;

(四)国家机关为执行公务,在合理范围内向公众提供已经发表的作品;

(五)将中国公民、法人或者其他组织已经发表的、以汉语言文字创作的作品翻译成的少数民族语言文字作品,向中国境内少数民族提供;

(六)不以营利为目的,以盲人能够感知的独特方式向盲人提供已经发表的文字作品;

(七)向公众提供在信息网络上已经发表的关于政治、经济问题的时事性文章;

(八)向公众提供在公众集会上发表的讲话。

第七条 图书馆、档案馆、纪念馆、博物馆、美术馆等可以不经著作权人许可,通过信息网络向本馆馆舍内服务对象提供本馆收藏的合法出版的数字作品和依法为陈列或者保存版本的需要以数字化形式复制的作品,不向其支付报酬,但不得直接或者间接获得经济利益。当事人另有约定的除外。

前款规定的为陈列或者保存版本需要以数字化形式复制的作品,应当是已经损毁或者濒临损毁、丢失或者失窃,或者其存储格式已经过时,并且在市场上无法购买或者只能以明显高于标定的价格购买的作品。

第八条 为通过信息网络实施九年制义务教育或者国家教育规

划，可以不经著作权人许可，使用其已经发表作品的片断或者短小的文字作品、音乐作品或者单幅的美术作品、摄影作品制作课件，由制作课件或者依法取得课件的远程教育机构通过信息网络向注册学生提供，但应当向著作权人支付报酬。

第九条　为扶助贫困，通过信息网络向农村地区的公众免费提供中国公民、法人或者其他组织已经发表的种植养殖、防病治病、防灾减灾等与扶助贫困有关的作品和适应基本文化需求的作品，网络服务提供者应当在提供前公告拟提供的作品及其作者、拟支付报酬的标准。自公告之日起 30 日内，著作权人不同意提供的，网络服务提供者不得提供其作品；自公告之日起满 30 日，著作权人没有异议的，网络服务提供者可以提供其作品，并按照公告的标准向著作权人支付报酬。网络服务提供者提供著作权人的作品后，著作权人不同意提供的，网络服务提供者应当立即删除著作权人的作品，并按照公告的标准向著作权人支付提供作品期间的报酬。

依照前款规定提供作品的，不得直接或者间接获得经济利益。

第十条　依照本条例规定不经著作权人许可、通过信息网络向公众提供其作品的，还应当遵守下列规定：

（一）除本条例第六条第（一）项至第（六）项、第七条规定的情形外，不得提供作者事先声明不许提供的作品；

（二）指明作品的名称和作者的姓名（名称）；

（三）依照本条例规定支付报酬；

（四）采取技术措施，防止本条例第七条、第八条、第九条规定的服务对象以外的其他人获得著作权人的作品，并防止本条例第七条规定的服务对象的复制行为对著作权人利益造成实质性损害；

（五）不得侵犯著作权人依法享有的其他权利。

第十一条　通过信息网络提供他人表演、录音录像制品的，应当遵守本条例第六条至第十条的规定。

第十二条　属于下列情形的，可以避开技术措施，但不得向他人提供避开技术措施的技术、装置或者部件，不得侵犯权利人依法享有的其他权利：

（一）为学校课堂教学或者科学研究，通过信息网络向少数教学、科研人员提供已经发表的作品、表演、录音录像制品，而该作品、表演、录音录像制品只能通过信息网络获取；

（二）不以营利为目的，通过信息网络以盲人能够感知的独特方式向盲人提供已经发表的文字作品，而该作品只能通过信息网络获取；

（三）国家机关依照行政、司法程序执行公务；

（四）在信息网络上对计算机及其系统或者网络的安全性能进行测试。

第十三条 著作权行政管理部门为了查处侵犯信息网络传播权的行为，可以要求网络服务提供者提供涉嫌侵权的服务对象的姓名（名称）、联系方式、网络地址等资料。

第十四条 对提供信息存储空间或者提供搜索、链接服务的网络服务提供者，权利人认为其服务所涉及的作品、表演、录音录像制品，侵犯自己的信息网络传播权或者被删除、改变了自己的权利管理电子信息的，可以向该网络服务提供者提交书面通知，要求网络服务提供者删除该作品、表演、录音录像制品，或者断开与该作品、表演、录音录像制品的链接。通知书应当包含下列内容：

（一）权利人的姓名（名称）、联系方式和地址；

（二）要求删除或者断开链接的侵权作品、表演、录音录像制品的名称和网络地址；

（三）构成侵权的初步证明材料。

权利人应当对通知书的真实性负责。

第十五条 网络服务提供者接到权利人的通知书后，应当立即删除涉嫌侵权的作品、表演、录音录像制品，或者断开与涉嫌侵权的作品、表演、录音录像制品的链接，并同时将通知书转送提供作品、表演、录音录像制品的服务对象；服务对象网络地址不明、无法转送的，应当将通知书的内容同时在信息网络上公告。

第十六条 服务对象接到网络服务提供者转送的通知书后，认为其提供的作品、表演、录音录像制品未侵犯他人权利的，可以向网络服务提供者提交书面说明，要求恢复被删除的作品、表演、录音录像制品，或者恢复与被断开的作品、表演、录音录像制品的链接。书面说明应当包含下列内容：

（一）服务对象的姓名（名称）、联系方式和地址；

（二）要求恢复的作品、表演、录音录像制品的名称和网络地址；

（三）不构成侵权的初步证明材料。

服务对象应当对书面说明的真实性负责。

第十七条 网络服务提供者接到服务对象的书面说明后，应当立即恢复被删除的作品、表演、录音录像制品，或者可以恢复与被断开的作品、表演、录音录像制品的链接，同时将服务对象的书面说明转送权利人。权利人不得再通知网络服务提供者删除该作品、表演、录音录像制品，或者断开与该作品、表演、录音录像制品的链接。

第十八条 违反本条例规定，有下列侵权行为之一的，根据情况承担停止侵害、消除影响、赔礼道歉、赔偿损失等民事责任；同时损害公共利益的，可以由著作权行政管理部门责令停止侵权行为，没收违法所得，并可处以10万元以下的罚款；情节严重的，著作权行政管理部门可以没收主要用于提供网络服务的计算机等设备；构成犯罪的，依法追究刑事责任：

（一）通过信息网络擅自向公众提供他人的作品、表演、录音录像制品的；

（二）故意避开或者破坏技术措施的；

（三）故意删除或者改变通过信息网络向公众提供的作品、表演、录音录像制品的权利管理电子信息，或者通过信息网络向公众提供明知或者应知未经权利人许可而被删除或者改变权利管理电子信息的作品、表演、录音录像制品的；

（四）为扶助贫困通过信息网络向农村地区提供作品、表演、录音录像制品超过规定范围，或者未按照公告的标准支付报酬，或者在权利人不同意提供其作品、表演、录音录像制品后未立即删除的；

(五)通过信息网络提供他人的作品、表演、录音录像制品，未指明作品、表演、录音录像制品的名称或者作者、表演者、录音录像制作者的姓名(名称)，或者未支付报酬，或者未依照本条例规定采取技术措施防止服务对象以外的其他人获得他人的作品、表演、录音录像制品，或者未防止服务对象的复制行为对权利人利益造成实质性损害的。

第十九条 违反本条例规定，有下列行为之一的，由著作权行政管理部门予以警告，没收违法所得，没收主要用于避开、破坏技术措施的装置或者部件；情节严重的，可以没收主要用于提供网络服务的计算机等设备，并可处以 10 万元以下的罚款；构成犯罪的，依法追究刑事责任：

(一)故意制造、进口或者向他人提供主要用于避开、破坏技术措施的装置或者部件，或者故意为他人避开或者破坏技术措施提供技术服务的；

(二)通过信息网络提供他人的作品、表演、录音录像制品，获得经济利益的；

(三)为扶助贫困通过信息网络向农村地区提供作品、表演、录音录像制品，未在提供前公告作品、表演、录音录像制品的名称和作者、表演者、录音录像制作者的姓名(名称)以及报酬标准的。

第二十条 网络服务提供者根据服务对象的指令提供网络自动接入服务，或者对服务对象提供的作品、表演、录音录像制品提供自动传输服务，并具备下列条件的，不承担赔偿责任：

(一)未选择并且未改变所传输的作品、表演、录音录像制品；

(二)向指定的服务对象提供该作品、表演、录音录像制品，并防止指定的服务对象以外的其他人获得。

第二十一条 网络服务提供者为提高网络传输效率，自动存储从其他网络服务提供者获得的作品、表演、录音录像制品，根据技术安排自动向服务对象提供，并具备下列条件的，不承担赔偿责任：

（一）未改变自动存储的作品、表演、录音录像制品；

（二）不影响提供作品、表演、录音录像制品的原网络服务提供者掌握服务对象获取该作品、表演、录音录像制品的情况；

（三）在原网络服务提供者修改、删除或者屏蔽该作品、表演、录音录像制品时，根据技术安排自动予以修改、删除或者屏蔽。

第二十二条　网络服务提供者为服务对象提供信息存储空间，供服务对象通过信息网络向公众提供作品、表演、录音录像制品，并具备下列条件的，不承担赔偿责任：

（一）明确标示该信息存储空间是为服务对象所提供，并公开网络服务提供者的名称、联系人、网络地址；

（二）未改变服务对象所提供的作品、表演、录音录像制品；

（三）不知道也没有合理的理由应当知道服务对象提供的作品、表演、录音录像制品侵权；

（四）未从服务对象提供作品、表演、录音录像制品中直接获得经济利益；

（五）在接到权利人的通知书后，根据本条例规定删除权利人认为侵权的作品、表演、录音录像制品。

第二十三条　网络服务提供者为服务对象提供搜索或者链接服务，在接到权利人的通知书后，根据本条例规定断开与侵权的作品、表演、录音录像制品的链接的，不承担赔偿责任；但是，明知或者应知所链接的作品、表演、录音录像制品侵权的，应当承担共同侵权责任。

第二十四条　因权利人的通知导致网络服务提供者错误删除作品、表演、录音录像制品，或者错误断开与作品、表演、录音录像制品的链接，给服务对象造成损失的，权利人应当承担赔偿责任。

第二十五条　网络服务提供者无正当理由拒绝提供或者拖延提供涉嫌侵权的服务对象的姓名（名称）、联系方式、网络地址等资料的，由著作权行政管理部门予以警告；情节严重的，没收主要用于提供网络服务的计算机等设备。

第二十六条　本条例下列用语的含义：

信息网络传播权，是指以有线或者无线方式向公众提供作品、表演或者录音录像制品，使公众可以在其个人选定的时间和地点获得作品、表演或者录音录像制品的权利。

技术措施，是指用于防止、限制未经权利人许可浏览、欣赏作品、表演、录音录像制品的或者通过信息网络向公众提供作品、表演、录音录像制品的有效技术、装置或者部件。

权利管理电子信息，是指说明作品及其作者、表演及其表演者、录音录像制品及其制作者的信息，作品、表演、录音录像制品权利人的信息和使用条件的信息，以及表示上述信息的数字或者代码。

第二十七条 本条例自 2006 年 7 月 1 日起施行。

附录三

海南省高等学校图书馆评估指标体系

办馆条件(A)　指标值 10

二级指标	权重	三级指标	权重	内涵说明及评分标准	
				本科院校	专科院校
A1 体制	0.10	A11 领导体制	0.40	有主管副校(院)长分管图书馆工作,20 分,没有不记分; 图书馆工作纳入学校每年工作计划,重大事项由校(院)长办公会研究决定,25 分,缺少 1 年减少 5 分; 成立符合《规程》要求的图书馆工作委员会,10 分,不符减少 5 分,没有不记分; 图书馆工作委员会按《规程》和本校(院)图工委《章程》要求发挥作用,20 分,不符视情况减分; 馆长符合《规程》的相关规定,25 分,不符视情况减分。	同左
		A12 组织机构	0.40	组织机构设置科学合理,符合现代化服务功能要求和图书馆工作规律,40 分,一项不符减少 10 分; 各机构职责明确合理,30 分,一项不符减少 10 分; 部(室)主任具有中级以上称职或本科以上学历,了解本部门或相关学科的发展趋势,具有管理本部(室)工作的能力,工作卓有成效并有创新,30 分,一项不符减少 10 分。	同左

（续表）

		A13 图书情报工作整体化	0.20	分馆设置符合《规程》规定，20 分，不符视情况减分（未设分馆不减分）； 院系资料室符合《规程》规定，实行统一的业务和服务制度，40 分，不符视情况减分； 院系资料室面向全校开放，实行资源共享，40 分，不符视情况减分。	校园网规划与建设符合学校整体信息化建设要求，20 分，不符视情况减分； 其余同左第二、第三条。
A2 人员	0.15	A21 队伍建设规划	0.20	有符合教育部要求的定编或符合校情并根据图书馆实际需要设置合理的人员定编，40 分，不符不记分； 有在职培训、进修计划和具体措施，并能按期落实，60 分，不符视情况减分。	同左
		A22 工作人员数量	0.20	符合定编人数，在编人数不大于或不小于定编数 10%，40 分，每超过 5% 减少 20 分； 队伍精干高效，20 分，不符视情况减分； 年龄结构基本合理，50 岁以上不超过 15%，30—49 岁不超过 55%—60%，18—29 岁不低于 25%—30%，40 分，不符视情况减分。	同左

（续表）

		A23 专业人员素质	0.60	学历结构：大专以上达到80%，本科以上达到60%，研究生达到3%，30分，不符视情况减分； 专业结构：图书情报、信息管理及计算机相关专业达到30%，本校主要学科专业达到30%，同时掌握图书馆学和一门其他学科知识达到40%，40分，不符视情况减分； 职称结构：本专业高级职称达到15%，中级职称达到40%，20分，不符视情况减分； 具有应用信息技术能力（根据不同部门和岗位的专业要求，现场抽查测试）和敬业精神（年度考核称职达到100%以上），10分，不符视情况减分。	学历结构：大专以上达到80%，本科以上达到50%，30分，不符视情况减分； 职称结构：本专业高级职称达到10%，中级职称达到40%，20分，不符视情况减分； 其他同左。
A3 经 费	0.30	A31 校拨正常经费	0.60	文献购置费及自动化建设经费列入学校预算，20分； 文献购置费占省拨校教育事业费5%以上，30分，每降低1%减少10分，低于3%不记分； 图书经费近5年逐年增长，平均增长比例与学校扩招比例相协调，20分，不符视情况减分； 有自动化设备设施、家居购置费和设备设施维护费，20分，不符视情况减分； 有进修培训费和办公经费，10分，不符视情况减分。	公办体制以外的学校按校总经费5%下拨文献资料购置费，30分，每降低1%，减少10分，低于3%不记分； 其余同左。
		A32 其他来源经费	0.10	占校拨正常经费超过20%，100分，每降低1%减少5分，没有不计分。	没有不减分。

（续表）

		A33 经费使用	0.30	经费按预算执行，由图书馆统筹安排，20 分； 文献资源购置费使用合理，按符合校情的书刊比例和中外文比例，纸质文献和电子文献的比例建设馆藏，40 分，不符视情况减分； 接受审计情况好，40 分。	同左
A4 馆藏	0.15	A41 生均文献量	1.00	生均纸质文献拥有量达标，100 分，每降低 10% 减少 20 分，低于 50% 不计分。	同左
A5 馆舍	0.30	A51 独立馆舍	0.40	有独立专用馆舍，20 分，只有相对独立馆舍，10 分，没有不记分； 生均馆舍建筑面积达标，70 分，每降低 10% 减少 10 分，低于 60% 不记分； 有独立计算机机房，10 分，只有相对用房，5 分，没有不记分。	同左
		A52 阅览座位	0.40	阅览座位与学生数之比 1∶5，100 分，1∶6，80 分，1∶7，70 分，1∶8，50 分， 1∶9，40 分，1∶10，20 分。	阅览座位与学生数之比 1∶6，100 分，未达到参考左。
		A53 设施与环境	0.20	图书馆专用设备及办公家具满足业务及办公需要 20 分，不足视情况减 10—15 分； 有防暑防灾（水、火、虫）设施，20 分，没有视情况减分； 计算机或网络室有防尘、防雷设施，20 分，没有视情况减分； 阅览室照明度符合规定（150lx），20 分，不达标不记分； 绿化、美化、卫生好，20 分，不符视情况减分。	同左

办馆水平（B－E）　　指标值 100

一级指标	权重	二级指标	权重	三级指标	权重	内涵说明及评分标准	
						本科院校	专科院校
B 文献资源建设	0.25	B1 文献采集	0.35	B11 采集工作	0.30	有全校（院）文献信息资源建设规划和年度采购计划，20分，不符视情况减分； 采集符合规划，并根据实际能做出相应的调整，20分，不符视情况减分； 设立专家选书小组或学科馆员选书小组，并能发挥作用，20分，不符视情况减分； 采集方式多样化，20分，不符视情况减分； 有准确的采集数据记录，验收手续完备，20分，不符视情况减分。	同左
				B12 馆藏情况	0.40	纸质文献生均年进书量（册）达标，50分，每降低10%减10分； 电子文献购置经费占文献购置费的25%，30分，每降低2%减5分； 现刊订购的种数与在校生数之比达到40%（电子版去重后按1：1换算），20分，每降低1%减少1分，低于20%不计分。	现刊种数与在校生数之比达到30%，20分，每减低1%减少2分，低于20%不计分； 其他同左。

（续表）

				B13 文献资源整合	0.15	对馆藏实体资源（印刷、电子资源）和相关的网上虚拟资源进行有效的整合，形成网上统一的馆藏体系，100分，不符视情况减分。	同左
				B14 文献资源特色	0.15	文献资源符合学校学科建设和教学科研需要，专业文献达到70%，60分，不符视情况减分； 长期积累形成独具特色的馆藏体系，25分，不符视情况减分； 完整收藏本校的以及与本校有关的出版物和学术文献，15分，不符视情况减分。	同左
		B2 文献加工与整序	0.25	B21 加工周期	0.20	加工周期（文献从验收到提供服务的时间）：图书除验收和加工工序以外，联机编目下载数据每人每天完成70条记录，自编数据每人每天完成24条记录，50分，不符视情况减分（或除验收以外，包括加工联机编目下载数据每人每天完成40条记录，自编数据每人每天完成35条记录，50分，不符视情况减分）。 现刊3天以内，30分；每超过1天减少5分。 电子文献（含更新版）15天以内，20分，不符视情况减分。	同左

（续表）

				B22 标准化程度	0.10	采用《中图法》（第四版）分类，25 分；不用不计分。 采用《汉语主题词表》或相关的专业主题词表标引，25 分；不用不计分。 采用《文献著录总则》及相关的《普通图书著录规则》、《连续出版物著录规则》、《非书资料著录规则》等国家标准著录，30 分；一项不合格减 10 分。 采用《中国机读目录通讯格式》建立书目数据库，20 分，不用不计分。	同左
				B23 书目数据库质量	0.20	文献著录和书目数据格式准确、规范，差错率低于 1%，40 分；每超过 1% 减 20 分。 文献分类规范，标引差错率低于 1%，20 分；每超过 1% 减 4 分。 书目数据有主题标引，并体现专业标引深度，20 分；一条记录无主题标引或标引不规范，减 2 分。 1995 年以后的书目数据（文学类除外）著有提要项，20 分；一条记录无提要项，减 2 分。	同左

（续表）

				B24 揭示报道	0.30	有完备的网上文献报道(包括显示书目记录的提要项)、检索体系和工具,便于利用,25 分;不符视情况减分。 总馆、分馆和各资料室统一建库、报道和网上检索,20 分;不符视情况减分。 随时报道新入库文献信息,定期发布新书宣传或导读,10 分;不符视情况减分。 在网上发布数据库和其他文献信息及使用方法的介绍,10 分;不符视情况减分。 自建特色资源数据库在校园网上开放使用,且运行良好,15 分;未上网不计分。整合馆藏印刷资源和数字资源,建立统一的揭示和报道体系,20 分;不符视情况减分。	同左
				B25 数据库建设	0.20	书目数据完成馆藏量(含各资料室)的 90% 以上,60 分;每降低 5% 减少 10 分,低于 70% 不计分。 有特色资源库建设总体规划,有专人实施,特色资源库至少 1 个,20 分;未建库不计分。 特色库有一定数据量,年更新率在 10% 以上,20 分;不符视情况减分 。	同左

（续表）

		B3 文献保存维护	0.20	B31 纸质文献典藏管理	0.30	馆藏文献布局合理，标识清晰，20 分；不符视情况减分。 排架有序，开架乱架率低于 2%，30 分，每超过 1% 减 5 分（按末位级排架，乱架率低于 6%，20 分，每超过 1% 减 1 分）。 一般文献 6 年清点一次，30 分；不符视情况减分。 特色文献和珍贵文献每年清点一次，保存完好，20 分，不符视情况减分。	同左
				B32 其他载体文献管理	0.30	标识清晰，排列合理，35 分；不符视情况减分。 馆藏电子资源每年清点一次，监测其可用性，；40 分，不符视情况减分。 有长期保存的环境，25 分，不符视情况减分。	同左
				B33 数据库维护与更新	0.40	馆藏各种数据备份（在线、异地、增量等）及时、完备、安全，未发生数据损毁情况，40 分；每发生一次事故减 10 分。 各种数据库及时或定期更新，30 分；不符视情况减分。保证书目数据与资源的一致性，30 分；不符视情况减分。	同左
		B4 资源共建	0.20	B41 文献采购协调	0.40	根据地区或系统文献资源布局的统筹安排，协调采购，40 分；不符视情况减分。 根据需要参与相关资源的集团采购，30 分；不符视情况减分。外文期刊参与省际或地区的协调采购，30 分；不符视情况减分。	同左

（续表）

				B42 文献加工合作	0.60	参与联机编目,并成为 CALIS 中心的成员馆，B 级以上 40 分,C 级 30 分,D 级 2 0 分,不加入 CALIS 中心不计分。 承担特色数据库等数字资源建设项目,并能按计划完成任务,60 分;不符视情况减分。	同左
C 自动化、网络化、数字化建设	0.30	C1 硬件	0.40	C11 服务器	0.25	图书馆集成系统服务器 2 台,配置在“2 ×1G/1G/2 ×73G”以上,40 分;少 1 台减少 20 分。 WEB 服务器 1 台,配置在“2 ×2G/2G/2 ×73G”以上,20 分。 磁盘阵列服务器 2 台,配置在“2 ×2G/2G/2 ×73G”以上,40 分;少 1 台减少 20 分。	同左
				C12 工作站	0.20	用于业务工作的工作站满足要求,20 分; 无偿提供检索和阅读馆藏电子资源微机量与在校生人数比例: 馆藏电子图书 30 册/生以上,达到 4‰以上, 馆藏电子图书 20—30 册/生,达到 3‰以上, 馆藏电子图书 20 册/生以下,达到 2‰以上,50 分,每降低 1‰减少 15 分。 设备完好率 95% 以上,30 分,每降低 5% 减少 10 分。	同左

（续表）

				C13 网络设备	0.15	建好局域网，且能满足馆内工作和读者检索的需要，20 分； 通过 CERNET 或电信网与 INTERNET 相连，20 分； 主干带宽 1000M，20 分，100M，5 分； 桌面带宽 100M，20 分，10M，5 分； 信息点满足目前需要并有一定数量的预留，20 分。	主干带宽 100M，20 分，小于 100M，5 分； 桌面带宽 10M，20 分，小于 10M，5 分； 其余同左。
				C14 其他设备	0.20	存储设备大于 2T，40 分，2T 以下，30 分； 高性能扫描仪 1 台，配置在“48-bit，1200dpi 光学分辨率，30 页/分”以上，20 分，不符视情况减分； 数码摄像机 1 台（像素在 300 万以上）、数码相机 1 台（像素在 500 万以上），20 分，少 1 台减少 10 分； UPS 1 台，配置在 4 小时、15KVA 以上，10 分，少 1 台减少 5 分； 复印机、打印机满足要求，10 分。	同左

（续表）

				C15 电子阅览室设备	0.20	电子阅览室多媒体微机数量与在校生人数比例:5000 人以下达 2% 以上,5000 人以上达 1% 以上,70 分,每降低 10% 减 10 分; 使用软件管理,且有设备统计、人数统计和计费统计,20 分; 配备打印机、扫描仪、刻录机,10 分,每少 1 种减少 3 分。	同左
		C2 系统软件	0.15	C21 服务器操作系统	0.20	系统类型为最新版本,40 分,不符视情况减分; 系统满足要求,60 分,不符视情况减分。	同左
				C22 网络管理系统	0.50	系统类型为最新版本,40 分,不符视情况减分; 系统满足要求,30 分,不符视情况减分; 保证系统安全,30 分,每出一次故障减少 10 分。	同左
				C23 数据库管理系统	0.30	系统类型为最新版本,40 分,不符视情况减分; 系统满足要求,60 分,不符视情况减分。	同左
		C3 应用软件	0.45	C31 集成管理系统	0.30	使用统一的 ILASII 系统,系统更新及时,开放性好,网络服务功能性强,20 分; 系统功能齐全,各子系统完备(采访、编目、流通典藏、连续出版物、公共检索系统等),40 分,每缺一个子系统减 5 分; 使用联机检索、馆际互借功能,40 分,少 1 项减少 20 分。	同左

（续表）

				C32 WEB 应用	0.40	主页栏目设置合理,逻辑结构清晰,网页功能完备、方便,界面美观,30 分; 内容有馆情介绍,文献服务信息(读者信息查询、新书通报、电子资源信息、网络资源导航等)等,50 分,少 1 项减少 5 分; 内容更新及时,有专人维护更新,10 分,没有不记分; 有点击人数统计,10 分,没有不记分。	同左
				C33 数字化软件	0.30	使用先进的应用软件,系统功能齐全,更新及时,20 分; 元数据标引规范,30 分; 信息检索点多,10 分; 熟练掌握文献从扫描到发布流程,40 分。	同左
D 读 者 服 务	0.35	D1 基 本 服 务	0.40	D11 开放时间	0.20	书刊阅览服务时间 70 小时/周以上,30 分; 网上资源服务和计算机书目检索(OPAC)服务时间 24 小时/天,30 分; 文献外借时间 42 小时/周以上,20 分; 寒暑假外借时间 7 小时/周以上,20 分; 以上各项低于指标分别不计分。	同左

（续表）

				D12 开架率	0.10	开架服务的书刊文献占全部馆藏文献的比例 80% 以上，100 分，每降低 5% 减少 20 分。	同左
				D13 文献利用	0.30	年读者借书量 30 册/人以上，40 分，低于 15 册/人不记分； 年读者到馆阅览次数 30 次/人以上，40 分，每降低 10 次/人减少 15 分； 年电子书刊访问量，点击 100 次/人以上，20 分。	同左
				D14 网上服务	0.15	网上预约、催还和续借服务，网上电子公告，论坛园地，读者意见箱，网上参考咨询服务等每项 10 分，最高 80 分； 有主页点击统计，20 分。	同左
				D15 馆际互借	0.15	馆际互借图书，按册计算，每 10 册 1 分，最高 60 分； 配有专人负责操作，15 分； 配有专用设施，15 分； 定期通报网络情况，10 分。	同左

（续表）

				D16 其他服务	0.10	向社会读者提供文献信息服务，20 分； 开展各类学术活动（举办学术讲座、报告会、研讨会等），按次计分，每次 4 分，最高 20 分； 举办各类培训教育，每次 4 分，最高 20 分； 开展各类文化活动（文化展示、专题展览等），20 分； 提供其他辅助性服务（如提供餐饮服务、娱乐休闲活动、售书、文化用品等），20 分。	同左
		D2 信息咨询服务	0.20	D21 信息咨询	0.40	咨询服务项目（如一般咨询、定题服务、课题检索、查新检索等），每项 5 分，最高 50 分； 开展网上参考咨询服务，20 分； 需求满足率 80% 以上，30 分，每降低 10% 减 5 分，低于 60% 不记分。	同左
				D22 学科导航	0.25	内容涵盖本校重点学科，内容描述、分类组织规范，50 分，少一个学科减少 5 分； 每个学科收录网站数达 100 个以上，30 分，每少 20 个减 10 分； 有用户反馈信息，包括点击数、提供站点等，有专人维护更新，20 分。	同左
				D23 文献传送	0.25	通过馆际合作获取并向读者提供学术论文、标准、专利、技术报告和学位论文等文献资料的传递量，按页算分，每 20 页 1 分，最高 50 分； 需求满足率 80% 以上，50 分，每降低 10%，减少 15 分，低于 60% 不记分。	同左

（续表）

				D24 信息编译报道	0.10	年印发或网上推送发布的编、译文献篇数，每篇 2 分，最高 100 分。	同左
		D3 信息素质教育	0.30	D31 读者入门教育	0.35	年接受教育读者数（按新读者比例算分）100% 为 40 分，每降低 1% 减少 2 分，低于 80% 不记分； 编印读者手册，并免费发给每一个新读者，20 分； 培训教案统一完整，且适时修订，有教学辅助课件，有考核，20 分； 培训课件挂在主页上，20 分。	同左
				D32 文检课教育	0.35	年听课人数（按占在校生比例算分），达到 5% 以上为 40 分，每降低 1% 减少 10 分； 教学与实习并重，有实习环节并效果显著，20 分； 通过考试人数，按占听课人数比例，达到 80% 为 20 分，每降低 10% 减少 10 分； 有专兼职相结合的教师队伍，使用适用教材，20 分。	同左
				D33 素质培养的其他环节	0.20	网上发布馆藏文献资源使用说明，40 分； 印发各种相关书面资料并免费供读者取阅，20 分； 提供专题或个性化培训和辅导，20 分； 举办导读宣传栏，按次算分，每次 4 分，最高 20 分。	同左
				D34 学生参与服务	0.10	根据需要使用学生工辅助管理，用工合理，80 分； 学生服务效果，“好”为 20 分，“中”为 10 分，“差”不记分。	同左

（续表）

		D4 读者评价	0.10	D41 与读者沟通及改进工作	0.50	通过读者座谈会、问卷调查等形式向读者征询意见，定期或根据需要及时召开读者座谈会及问卷调查次数，每次5分，最高20分； 有书面会议纪要或公布调查结果，最高20分； 有实物和电子意见箱，随时收集意见并有反馈，20分； 有专人负责处理读者意见，并根据调查结果和意见改进工作，40分。	同左
				D42 馆务公开及读者满意度	0.50	馆务公开，岗位职责和在岗人员公示，有关读者服务事务公示，接受监督评判，最高10分，不符视情况减分； 读者对馆藏满意度，最高30分，不符视情况减分； 服务水平和服务态度满意度，最高40分，不符视情况减分； 设备满意度，最高20分，不符视情况减分。	同左
E 科学管理	0.10	E1 行政管理	0.30	E11 目标管理	0.25	有远期建设规划，30分，不符视情况减分； 有年度工作计划、总结，30分，不符视情况减分； 规划、计划落实执行较好，40分，不符视情况减分。	同左
				E12 人事管理	0.25	实行岗位聘任，30分，不符视情况减分； 实行岗位责任制管理，有绩效考核制度并组织实施，70分，不符视情况减分。	同左

（续表）

				E13 民主管理	0.25	馆员参与馆内重大决策，如制订规划、计划和规章制度，40分，不符视情况减分； 年度考核、总结、奖惩、财务等透明、公开，40分，不符视情况减分； 坚持民主生活会制度，20分，不符视情况减分。	同左
				E14 办公自动化管理	0.25	管理系统功能完备，包括档案管理、人事管理、财务管理、设备财产管理、科研管理和考勤管理等，60分，不符视情况减分； 网络服务能力强，系统安全性能好，40分，不符视情况减分。	同左
		E2 规章制度	0.20	E21 业务规章制度	0.35	有完备成文的业务规章制度，包括文献采访方案、分类编目细则、流通管理规则、报刊管理规定、参考咨询细则、应用系统管理条例等，60分，缺一项减10分； 定期检查、修订，执行效果好，40分，不符视情况减分。	同左
				E22 服务规章制度	0.35	有完备成文的服务规章制度，包括书刊借阅规则、馆际互借实施细则、电子阅览室管理制度、复印、刻录管理规定、服务公约等，60分，缺一项减10分； 定期检查、修订，执行效果好，40分，不符视情况减分。	同左
				E23 管理规章制度	0.30	有完备成文的管理规章制度，包括人员岗位职责、考核制度、奖惩制度，以及财务、设备、安全卫生等管理规章，60分，缺一项减10分； 定期检查、修订，执行效果好，40分，不符视情况减分。	同左

（续表）

		E3 业务统计	0.20	E31 统计数据	0.50	各种统计数据完备，准确（根据“全国高校图工委的事实数据库”要求），80分，不符视情况减分； 每年按要求填报数据报表并如期上报，20分，不符视情况减分。	同左
				E32 档案资料	0.50	每年各类档案整理及时、完备、系统，包括文书档案、人事档案、财务档案、资产档案和科研档案等，60分，缺一项减10分； 定期向校（院）上报档案，用以备份，利用便捷安全，40分，不符视情况减分。	同左
		E4 学要研究	0.30	E41 学术成果	0.40	在海外发表学术论文，最高20分，每篇/年15分； 在国内发表学术论文，最高20分：国家级专业刊物每篇/年10分，专业核心刊物每篇/年5分，省内学术刊物每篇/年3分； 出版学术著作，最高30分，每部/年20分； 获奖最高30分，按奖项记分，省部级奖二等奖每项/年25分，省部级奖三等奖每项/年15分，学会或校级奖最高10分，每项/年5分。	同左
				E42 学术会议	0.15	主办国际学术会议，最高40分，每次/年20分； 主办国内学术会议，最高30分，每次/年15分； 主办省内学术会议，最高20分，每次/年10分； 主办学校或馆内学术会议，最高10分，每次/年5分。	同左

（续表）

				E43 科研课题	0.25	完成省级以上课题，最高 45 分，每个/年 20 分； 完成校级课题，最高 40 分，每个/年 10 分； 完成馆级课题，最高 15 分，每个/年 5 分。	同左
				E44 学术组织成员	0.20	参加学术团体，最高 50 分：国际学术团体，20 分/个，国内学术团体，10 分/个，省内学术团体，5 分/个； 在学术团体任职，最高 50 分：国际学术团体，20 分/个，国内学术团体，10 分/个，省内学术团体，5 分/个。	同左

附录四

江苏省普通高等学校图书馆评估指标体系评分标准和内涵

江苏省高等院校图书情报工作委员会 2004 年 2 月 20 日办公会议通过

一级指标	代码和分值	二级指标和总分值	三级指标和总分值	分值	内容和评分办法
办馆条件	A（250 分）	A1 管理体制（38 分）	A11 领导体制（15 分）	5	只要有校领导主管，包括校长助理即可。事关图书馆和学校图书情报事业发展的重大事项，由校长办公会议决定。
				5	学校成立图书馆工作委员会，委员会必须有主管校领导参加并担任委员会主任，图书馆长担任副主任，学校有关部门和院系负责人代表、教师代表、学生代表和图书馆其他领导参加。委员会有章程，每年至少召开一次全体委员会议。会议的形式可以是多样的，如网络通讯会议的形式，有会议纪要。
				5	馆长符合《普通高等学校图书馆规程》（修订）的相关规定，实行校长领导下的馆长负责制，馆长和副馆长具备相应的素质和条件，领导班子团结，分工明确，职责分明，有较强的组织管理和创新能力。
			A12 组织机构（12 分）	6	图书馆内部机构设置体现精简合理、效率优先的原则，部门职责明确，层次分明。
				6	部室负责人符合革命化、知识化、专业化、年轻化的要求。本科以上学历的占 80%，年龄 20－40 岁的占 80%，各部门保质保量完成年度工作计划，有创新意识并在工作中取得实际效果。

（续表）

			A13 图书情报工作整体化(11 分)	11	全校实行规范统一的业务建设和服务制度，对院系资料室进行业务指导，对全校文献资源实行整体协调，集中采购，合理布局，实现资源共享。
		A2 队伍建设（62分）	A21 队伍建设规划及落实（24分）	6	学校有关文件中明确图书馆的人员编制，有明确的图书馆职工队伍建设指导性规定，图书馆有专业队伍建设规划和实施计划文件。图书馆人员队伍的学历层次、职称层次和数量与学校的规模相对应。
				6	按照学校机构改革和岗位聘任的文件精神，实行聘任制。
				6	图书馆有完整的岗位聘任规定，有明确的岗位任职资格和职责，并有明确的岗位考核指标和要求有年度岗位职责履行情况的考核评估。
				6	图书馆有专业队伍建设的计划，分不同的层次进行在职专业学历继续教育和图书馆基本技能培训，提高工作效率和服务水平。
			A22 人员数量(13 分)	7	符合学校定编的规定，图书馆有总编制数量 5% 左右的缺编数，保证队伍长期稳定发展。
				6	年龄结构有梯度，30 岁以下的占 50%，30－50 岁的占 30%，50 岁以上的占 20%。
			A23 人员素质(25 分)	7	学历结构(符合学校相关规定。211 学校本科学历以上的人员占总人数达到 60%，研究生占一定比例；本科院校本科学历以上人员比例达到 40%－50%；专科院校中专及以上人员比例达到 60% 以上。在读和已取得本科生和研究生文凭的都计算在内)。

（续表）

				5	拥有本科学历专业背景的门类数，占本校院系学科单位的门类总数60%以上。
				13	职称结构（211学校的职称比例达到高：中：初=2：4：4，本科院校的职称比例达到高：中：初=1.5：4：4.5，专科院校的职称比例达到高：中：初=1：4：5）。
		A3 经费（100分）	A31 校拨正常经费（70分）	45	学校办学经费，指政府或董事会下拨的年度日常经费，不含基建、科研经费。
				25	在上一年的基础上，最近三年每年有5%以上的增长。
			A32 其他来源经费（15分）	8	占校拨正常经费之比例20%及以上。
				5	占校拨正常经费之比例10－20%。
				2	占校拨正常经费之比例10%以下。
				0	无其他经费来源。
			A33 经费使用情况（15分）	9	按照预算执行，完成经费使用任务，审计合格。
				6	有经费使用分析报告。
		A4 馆舍（50分）	A41 独立馆舍（15分）	10	有独立馆舍，生均建筑面积达到教育部高等学校规划面积指标。“生均”指全日制在校所有学生的当量数，本专科生数量是基数，1个博士生=3个本专科生，1个硕士生=2个本专科生。按照教育部高等学校规划面积指标，不同类型的学校有不同的标准，见附表。
				5	同上。

（续表）

			A42 阅览位(15 分)	10	“学生数”也是指当量数。
				5	“学生数”也是指当量数。
			A5 环境设施(20 分)	9	尽学校财力，环境优美要有创意。
				7	环境优美，文化氛围好，50% 的阅览室有空调设施。
				4	环境优美，文化氛围好，80% 以上的阅览室有空调设施，有提供读者使用的电梯。
文献资源建设	B (250 分)	B1 馆藏印刷型文献 (100 分)	B11 中文图书(30 分)	15	馆藏中文图书生均 50 册，每少 5 册扣 1 分。
				15	近 3 年年生均入藏 2.5 册，每少 0.1 册扣 1 分。
			B12 中文期刊(25 分)	12	馆藏中文期刊合订本生均 3 册，每少 0.1 册扣 0.4 分。
				13	近 3 年年生均入藏 0.15 份，每少 0.01 份扣 1 分。
			B13 外文图书(15 分)	7	馆藏生均 2 册，每减少 0.5 册扣 1 分。
				8	近 3 年年生均入藏 0.02 册，每减少 0.005 册扣 1 分。
			B14 外文期刊(25 分)	13	馆藏合订本人均 0.3 册，每减少 0.05 册扣 1 分。这里的“人”是指在校教师和研究生总数。
				12	近 3 年年人均入藏现刊 0.02 份，每减少 0.005 份扣 1 分。这里的“人”是指在校教师和研究生总数。
			B15 其他资料(5 分)	2	馆藏国家或省、市政府的有关专题报告。
				2	馆藏中国或海外的专利或标准文献。
				1	馆藏国内外有关专题的会议文献。

（续表）

		B2 数字文献（62分）	B21 中文电子图书	16	拥有电子图书26万种，每少2万种扣1分。
		B2 数字文献（62分）	B22 外文电子图书	3	拥有电子图书0.1万种，每少0.05万扣1分。
		B2 数字文献（62分）	B23 中文全文电子期刊	15	拥有中文全文电子期刊6000种，每少500种扣1分。
		B2 数字文献（62分）	B24 外文全文电子期刊	10	拥有外文全文电子期刊2000种，每少250种扣1分。
		B2 数字文献（62分）	B25 数据库	18	用于购买中外文数据库的经费，占总文献经费20%以上。
		B3 文献加工和整序（62分）	B31 中文图书	15	中文图书按照MARC进行著录，可以套用CALIS或JALIS提供的规范数据。
		B3 文献加工和整序（62分）	B32 中文期刊	8	中文图书按照MARC进行著录，可以套用CALIS或JALIS提供的规范数据。
		B3 文献加工和整序（62分）	B33 电子书刊	9	电子书刊按照规范进行著录，并实现OPAC中查询。
		B3 文献加工和整序（62分）	B34 光盘、磁带、录像带和缩微资料	8	光盘、磁带、录像带和缩微资料的在网上揭示，可以是本馆制定的规则。
		B3 文献加工和整序（62分）	B35 书目回溯建库	14	完成了50%馆藏书目的回溯建库，包括院系资料室的文献。
		B3 文献加工和整序（62分）	B36 数字文献整合	8	进行了数字文献的整合，至少将数据库中覆盖的中外文期刊分别按照刊名字顺进行整合，并且在网上提供服务。

（续表）

		B4 馆藏特色文献数字化(13 分)		13	进行了本馆所藏有特色文献的全文数字化，例如教学参考书等，但不一定要求图书馆自己进行数字化工作，可以委托图书馆以外的单位进行数字化。
		B5 文献资源共建共享（13 分）		13	参加 CALIS 或 JALIS 的文献资源共建共享 3 个子项目。如以实际出资参加数据库集团订购；使用汇文自动化管理系统；参加 JALIS 所属四个联采中心之一的中外文书刊订购。
自动化、网络化、数字化建设	C（200 分）	C1 网络设施(50 分)		20	拥有图书馆内部局域网，至少是建成一个独立图书馆建筑楼内部网络。
				10	图书馆内部局域网建设完成并投入使用，且与校园网连接，与资料室联网。
				10	图书馆内部局域网建设完成并投入使用，可通过 CERNET 或商业宽带网接入因特网，有上国际网的功能。
				6	图书馆主干 1000MB，10/100MB 到达桌面 PC。
				4	图书馆提供读者使用无线网络的条件。
		C2 自动化管理系统(50 分)		20	有自动化管理系统，但只有若干独立管理模块，未形成全流程的计算机管理。
				16	有自动化管理系统，系统拥有完整的图书馆业务管理模块以及 OPAC 服务。
				10	有自动化管理系统，系统拥有完整的图书馆业务管理模块以及 OPAC 服务，且各个模块都在使用中。
				4	自动化管理系统支持 Z39.50 协议的下载服务。

（续表）

		C3 WEB 服务器（10 分）		6	拥有独立的图书馆网站（指非托管的独立网站）。
				2	拥有独立的图书馆网站，并能够提供面向因特网的 7×24 小时的不间断服务。
				2	拥有独立的图书馆网站，能够提供基于本地管理系统的 OPAC 服务，以供读者查询，有网上预约服务。
		C4 电子阅览室（10 分）		4	拥有基于 IP 的电子阅览室。
				2	座位数≥150 个座位。
				2	有电子阅览室管理系统。
				2	有电子阅览室管理系统，且能够与本地管理系统通讯，实现收费统一管理。
		C5 多媒体阅览室（10 分）		6	拥有基于 TV 的多媒体阅览室。
				4	座位数≥50 个座位。
		C6 存储系统（20 分）		14	单台存储系统（磁盘阵列系统），基于 SAN 结构的存储环境。
				6	物理容量≥ 5TB。
		C7 自动化服务保障（20 分）		14	拥有独立机房。
				6	拥有独立机房，以及配套的电源、空调系统，能够提供 7×24 小时的服务保障。

（续表）

		C8 基于网络的办公自动化系统（20 分）		10	提供电子文件传送、消息分布。
				6	各个主要业务岗位，拥有具有本校特征的 E－mail。
				4	每个图书馆员拥有具有本校/馆特征的 E－mail。
		C9 电脑及相关设备及服务(10 分)		6	设有专门用于读者公共查询计算机（电子阅览室除外）。
				4	馆内设有供读者使用的复印机以及相关的服务。
读者服务	D（200 分）	D1 基本服务(100 分)	D11 开放时间（30 分）	10	书刊阅览室开发时间达到 70 小时/周。
				10	网上资源和 OPAC 开放时间满 7×24 小时/周。
				5	周六、日安排开放。
				5	寒暑假安排开放。
			D12 开架率	20	开架书刊占常用文献的比例不小于 70%，每少 5% 扣 1 分。
			D13 生均外借量（20 分）	15	年读者人均外借书、刊量达 20 册，每少 1 册扣 1 分。
				5	电子资源平均点击次数不小于 5 次/人·年。
			D14 馆际互借（10 分）	3	开放本馆馆藏，参加全省通用借书证服务项目。
				3	提供“馆际互借”岗位，对外公布服务电话和 E－mail，开展服务并有服务记录。
				4	本校馆际开展“通借通还”服务。

（续表）

			D15 优质文明服务（10 分）	3	有优质文明服务公约、挂牌上岗。
				4	开架书刊排架差错率不大于 5%。
				3	书刊排架差错率大于 5%，每增加 1% 扣 1 分。
			D16 学生参与服务（10 分）	5	使用学生工时满 400 时/周。
				5	学生服务有考核、组织工作。
		D2 参考咨询服务（60 分）	D21 信息咨询服务（24 分）	9	设置咨询台。
				3	电话咨询。
				3	E-mail 咨询。
				3	网上咨询。
			D22 原文传递(18 分)	9	在图书馆网上公布：有专门岗位提供服务，有具体措施，有协议签约单位，有服务记录。
				9	有一定数量，基本满足用户需要。
			D23 代查代检(9 分)	6	有专门岗位提供服务。
				3	有一定数量，基本满足用户需要。
			D24 专门服务	3	提供。
			D25 SDI 服务	3	提供。

（续表）

			D26 学科馆员制	3	建立。
		D3 用户教育和培训（20分）	D31 新生入学教育(6分)	3	举办并有一定成效。
				3	每年印编读者手册免费派送给读者。
			D32 文献检索及相关课程(4分)	2	开设。
				1	同一门课程下，可以是连续讲座的形式受课，使用专门教材。
				1	提供网络培训和课件下载。
			D33 电子资源利用培训(6分)	3	开展并有活页宣传材料。
				3	一年开展不少于3个系列(每个系列得1/3分)。
			D34 专题讲座	4	开展。
		D4 读者信息反馈（20分）	D41 读者问卷调查(6分)	4	每年不少于4次，每少一次扣5分。
				2	根据调查结果改进工作。
			D42 召开读者座谈会(6分)	4	每年召开不少于2次，每少一次扣3分
				2	根据调查结果改进工作。

（续表）

			D43 读者意见箱（8分）	2	提供实物意见箱。
				2	提供实物意见箱，处理解决
				2	提供电子意见箱。
				2	提供电子意见箱，处理解决
科学管理	F（100分）	F1 规章制度（20分）		10	有业务建设、行政管理、服务、队伍建设等各项规章制度汇编。
				10	严格执行规章制度。
		F2 业务统计（10分）		5	有业务建设统计数据。
				5	文书档案管理规范。
		F3 学术研究（60分）		10	近3年在海外发表论著。
				10	近3年在国内核心期刊上发表学术论文。
				10	近3年年平均在国内报刊上发表论文0.2篇/人。
				10	在全省性学术会议上作专题发言。
				10	近3年承办过图书馆专业会议。
				10	近3年接受省级以上课题项目。
		F4 科学决策（10分）		10	重大事项决策科学化、民主化。